半年で6億5000万円以上を
引き出した元銀行マンが教える！

アパート・マンション投資のための満額融資交渉バイブル

不動産融資アドバイザー
藤巻 聡

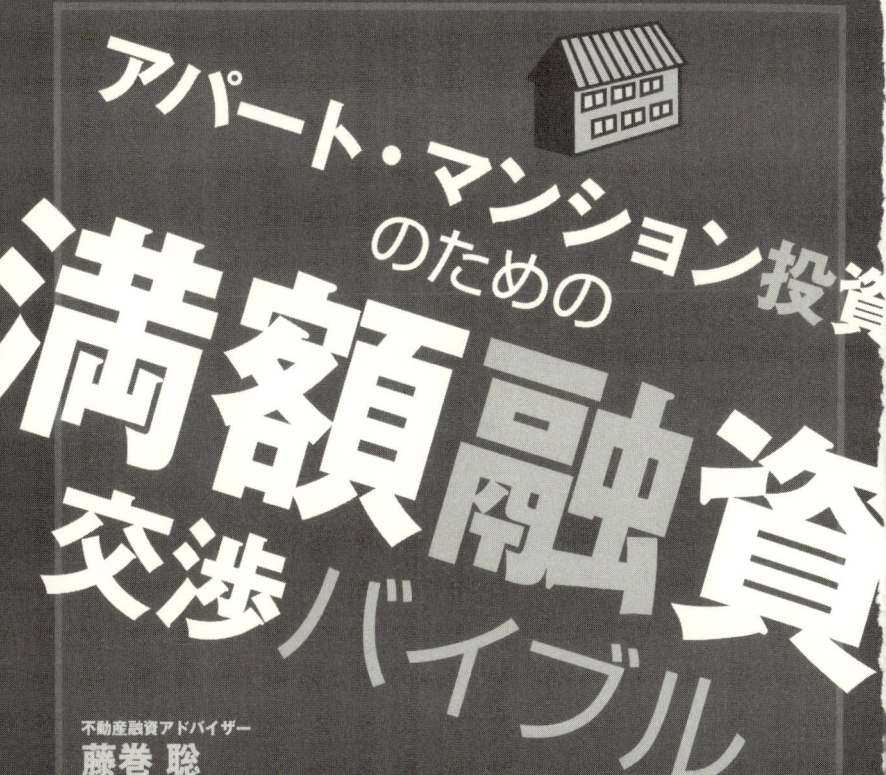

元銀行マンの私が伝えたい「借金」の話　～はじめに～

私は不動産融資アドバイザーとして、サラリーマン大家さんや地主さんなど、多くの投資家の相談に乗っています。

現在は特に、「不動産投資を始めたい」「アパートを建ててみたい」という方と綿密に計画を練り、必要な書類を準備し、金融機関をまわり、融資を引き出すことが業務の中心になっています。

成果としては、2010年1月からの半年で、お世話させていただいた融資の総額が〝6億5000万円〟を超えました。中には、相談者さんがどこに行っても断られた案件を引き継ぎ、結果的に満額で融資を取り付けた例も多くあります。

「どうやって、銀行をその気にさせたんですか？」

とよく聞かれますが、コネや裏技を使ったわけではありません。

私は地方銀行に17年間勤めていた経験を生かし、「貸す側の心理」に沿って行動しているだけです。

銀行の融資基準は年度どころか、月次によって変化し、借りる人の属性や物件の条件によっても条件が変わってきます。

そのため、「融資に答えはない」ということが昔からよく言われてきました。

しかし、モヤモヤとしたその世界にも、確固とした原則や傾向は存在します。

そこに、融資の核心が隠されています。


ここまで言っておいてなんですが、私は誰にでも不動産投資をすすめるわけではありません。

私が応援したいのは、自分の人生を自分で築こうとするビジョンが明確で、そのために努力を惜しまない人たちです。

そして、不動産投資の融資に関していえば、協力できるのは、その先に明るい未来が見える場合だけです。


融資を受けることは、言い換えれば大きな借金を背負うことです。当然、リスクがあります。

これから不動産投資をはじめる方には、一部の成功者たちの羽振りのよさや、投資家という響きのかっこよさに目を奪われるだけでなく、リスクもあわせて理解してほしいと思います。

私が一見さんお断りの習慣の残るある銀行の地方支店に勤めていたとき、融資課でこんな出来事がありました。

誰からの紹介もなく、おじいさんと娘さんが、二人で3億円のアパート建築用の融資を申し込みに来たのです。

それまで何の取引もない方だったので、私はとっさに、「おかしい」と感じました。

この都市なら、私の勤めていた地方銀行より大きな競合銀行はたくさんありましたし、地元の地銀や信金だってあります。

それなのに、なぜ北陸地方に本店のあるうちの銀行に来るのか、他の銀行で全部断られて仕方なく来たか、何かワケありだろう、と思ったのです。

そのおじいさんはこう言いました。

「自分の所有する農地の近くに病院が建つ。だから畑にアパートを建てて、看護婦さんたちの寮にしようと思う。アパートを建てたらそれを病院が借り上げてくれるという契約書ももらった。それがこの契約書の写しだ」

契約書のほかにも、書類は揃っていました。

農家のおじいさんが作ったとは思えない、立派な事業計画書だったようです。


結論から言えば、この融資案件を担当した上司は、3億円の本部承認を取り付け、まず2億円の融資を実行したようでした。

しかし、その2億円は戻ってこなかったといいます。

おじいさんに連絡すると、行方不明。娘さんに連絡するとなぜか本人は入院中、最初は電話に出たものの、そのうち音信不通になってしまったらしいのです。


アパートが建っているはずの農地を確認に行くと、工事中どころか、アパートが建ちそうな様子すらなかったそうです。そんな土地を売っても、二束三文にしかならないのは明らかです。

登記簿をあらためて見ると、小さく「A社と信託契約を結ぶ」という記録が…。そしてそのA社は、札付きのブラック企業というウワサでした。

賃貸契約を結ぶと言っていた病院とも、実際にはそのような事実はなかったのでしょう。どう見ても、計画的な詐欺としか思えないものでした。

しかし、お金を借りにきたのは本当に朴訥なおじいさんと娘さんです。

その人たちが裏の世界の人間とはとうてい、思えませんでした。

では、普通のおじいさんと娘さんが、なぜこんなことをしたのでしょう?

これは、私の勝手な想像でしかないのですが、このおじいさんはきっと、街金かどこかで1000万円とか2000万円とかの借金をして返済が滞ったのだと思います。

そして、貸主からこんなことを言われたのかもしれません。

「銀行から3億円引っ張ったら、1000万円をやるから、その金で借金を返済して、娘とどこかへ逃げたらどうだ。それが嫌なら自己破産しろ」

「まさか、そんな」と思う人もいるかもしれません。

しかし、銀行に何年もいれば、この手の話は珍しいことではないのです。

何を言いたかったかというと、借金は一歩間違えれば、自分や家族までも不幸にするということです。

このおじいさんが、何のための借金をしたのかはわかりません。しかし、借金をしなければ、どんなに惨めな思いをしたとしても、家族まで不幸に巻き込むようなことはなかったはずです。

これが、借金の怖さです。


借りたお金にすがって、人生を組み立てるようなやり方は、危険すぎます。

そのお金がなければ生きていけないような借金は、遠からず自分の首を絞めます。

主役は自分であり、お金はあくまでもサポート役。そのことを忘れてはいけません。

その順番を理解し、これまでの人生でもお金としっかり向き合って生きてきた人だけが、借金を自分の人生のために活用することができるのだと思います。


多くの人が、人生を豊かにするために、不動産投資をしようと考えているはずです。

その夢を叶えるために、金融機関はひとつの障壁であると同時に、強力なパートナーでもあります。

ところが、不動産投資家の間では常に、根拠のないウワサや、実現するのがほぼ不可能なノウハウなどがまことしやかに流れています。元銀行員から見て「それはありえない」というような情報も出回っています。

そんな情報に振り回されて、人生で最も大切な時間を無駄にしてはいけません。

本書には、私が「実際に経験した」融資案件をもとに、銀行から融資を引くためのポイントを収めてあります。

東京だけで、５００もの金融機関があります。

「銀行はお金を貸してくれない」という理由で、不動産投資をあきらめようとしているなら、その前に本書の内容を実践してみてからにしてください。

本書が、銀行融資の壁でつまずきかけている「豊かな未来を願う人たち」のお役に立てることを心から願っています。

不動産融資アドバイザー　藤巻　聡

目次

アパート・マンション投資のための 満額融資交渉バイブル

第2章　元銀行員「藤巻 聡」の半生より、銀行員の考え方を知る

第4章 銀行が貸したい人と絶対貸したくない人の違い

第2部●実践！アパマン融資 成功への4ステップ

ステップ1　銀行の窓口に行く前に準備すること

ステップ2　融資が通る「事業計画書」の書き方

目次

ステップ3　銀行のチェックポイント対策

ステップ4 「属性」を跳ね返す秘訣

第１部

まずは相手となる銀行員を知る

第1章

銀行員の立場に立って考えれば、満額融資も夢ではない！

■「融資基準」より、「銀行員を知ること」こそ満額融資への近道

銀行にお金を貸してもらうには、どんな「基準」をクリアすればいいんだろう?

この物件は、そして自分は、銀行に認められるための「基準」に達しているだろうか?

多くの不動産投資家たちは、融資という壁を前にすると、そんなふうに必死に銀行の融資基準について知ろうとします。

まるで、銀行からOKをもらうには難しい方程式を解かなければいけないような、そんなイメージを持っている方もいるようです。


しかし、**銀行に17年間勤務していた私からすると、基準以前に、知っておくべき大切なことがあります。**

それは、銀行と、銀行員というものの体質や考え方です。

私が半年で6億5000万円以上の融資を引き出せたのも、相手のことをよく知っていたからにほかなりません。

多くの不動産投資家が、銀行と銀行員を味方につけたいと思いながら、実際にはイメージに振り回され、様々な誤解をしています。

その誤解が原因で、せっかくのチャンスをふいにしていることもあるのです。

銀行も銀行員もきっと、あなたが思っているより単純で、人間的です。

その実態を知り、攻略法を知ることで、満額融資へ大きな一歩を踏み出せるでしょう。

銀行員の方が立場が上であるという誤解

誰でも小さい頃に、親御さんから、「人にお金を借りることはよくないこと」と教わっているものです。

大人になってもその名残で、「お金を貸してもらうこと＝相手に助けてもらうこと、相手に迷惑をかけること」というマイナスイメージを持っている人は少なくありません。

しかし、**銀行でお金を借りようとするとき、「借りる側の自分よりも、貸す側の銀行の方が立場が上」と思うのは、間違いです。**

銀行から見れば、お金を借りる方は、お客様です。

みなさんは銀行の利益がどこから生まれるかご存知でしょうか?

実は、毎期の収益の中で、最も大きなシェアを占めるのは貸出利息、つまり、みなさんのお借入から発生するお利息なのです。


つまり、**銀行は毎期毎期、貸出を伸ばしていかないと、収益を維持拡大できないのです。**

収益を維持できないということは、役職員の給与が払えないということです。

言い換えれば、お金を借りる人は、銀行員の給料の源であるお利息を、これから何十年にも渡って払い続けてくれる人、大切なお客様といえます。

さらに言えば、お借入の原資は、銀行自身のお金ではなく、銀行にご預金を預けている預金者のみなさんのお金です。間違っても、銀行が保有する固有の資産を貸出しているわけではありません。


銀行と、銀行にお金を借りる人は、「持ちつ持たれつ」「フィフティー・フィフティー」の関係で成り立っています。

すなわち、銀行員と私たちは、対等なのです。

ですから、みなさんはお客として、毅然とした態度で、相談に行けばいいのです。

不動産投資に対する融資は厳しくなっている

対等の立場であることは大切です。とはいえ、

「金利を払うんだから、いいサービスを受けて当然」
「お前らの給料はオレたちが払っているんだ」

と、必要以上に威張るのもよくありません。

不動産の融資は何十年間も続くケースが多いため、マイナスの印象を持たれれば、
「このお客さんはあとで面倒なことを言いそう。当行の取引相手として相応しくない。お断りしよう」

と判断されることもあります。

銀行員が、「面倒そうな人」などという理由で、融資を断ることがあると言うと、驚く人がいるかもしれません。

しかし、銀行員は私たちが思っている以上に、借りる人の「人間性」を見ています。

それは、「あとあと面倒そうだから」という心象的な理由だけではありません。

横柄な態度だったり、約束の時間に来なかったりする人は、お金を貸したあとで何かあると、銀行のせいにして、開き直ることがよくあるのです。

銀行としては、何があっても責任を持って、最後までお金を返してくれる人、銀行との取引を大切にする人、そんな人に貸したいに決まっています。

もちろん、必要以上にへりくだったり、気を使ったりする必要はありません。

しかし、社会人として常識的で、誠実な態度を示すことは大前提といえます。


ただし、誠実な態度でいけば、借りられるのかといえば、それも違います。

厳しいことを言って恐縮ですが、２０１０年8月現在、銀行の不動産投資に対する貸し出し意欲は、決して強いとは言えません。

フルローンやオーバーローンがついたのは、3年以上も前の話。

土地などの担保やかなりの自己資金を持っている人でなければ、持ち出しなしでアパートやマンションが買えるということは、考えにくい状況です。

その大きな理由は、リーマンショック以降、土地や建物の評価が下がったからです。
また、フルローンやオーバーローンで貸出をした案件で焦げ付きが発生しており、銀行側が不動産投資への融資に慎重になっているということもあります。

アパートに関する融資案件は、20〜25年とマイカーローンや教育ローンに比べて非常に長期な貸出です。

これは、銀行から見れば大きなリスクです。長期間にわたって、ずっとお客様が元気でいられるのか、一定の家賃収入が見込めるかどうか、わからないからです。

銀行員は、担当した融資でひとつでも焦げ付きを出せば、自分の査定に響きます。

そのため、最近は銀行員の中で、

「不動産投資で2％や3％の金利をもらうより、投資信託を売って5％の手数料をもらったほうがリスクも少なく手堅い」

という考えが広がっているともいいます。

現役の銀行員に聞いたところ、**1日窓口にいて、様々な融資の相談を15件くらい受けたとしても、その中で実際に融資するのが1件か2件ということです。**

1件、2件の中には、住宅ローンやマイカーローンも含まれます。

有名な不動産投資家の書籍やブログなどを読むと、どんどん物件を増やしているように見えるので、銀行は簡単に融資をしてくれるように錯覚します。

しかし、現実には、

「高利回りで十分にキャッシュフローの出る物件だから大丈夫だろう」

「担保物件が、積算評価以下の売値（お買い得な物件）だから、通るだろう」

という程度の認識では、甘いといえます。


前の項目で述べたように、銀行はお客様のお借入れのお利息を収益にしているので、「貸したい」という気持ちがあるのは間違いありません。

しかし、そのためには、「この案件なら貸しても大丈夫」と理解させるような相応の準備が必要です。

逆に言うと、銀行員に「安心して貸せる」と感じさせることができれば、融資に関する悩みは解決します。

銀行員の多くが不動産投資の素人

皆さんは、銀行員は皆、スペシャリストだと思いますか？

もしスペシャリストだとしたら、いったい何のスペシャリストなのでしょう？

金融のスペシャリスト？

では、金融って何なのでしょう？

私は経済学部卒業ですが、確かに大学時代、金融論という講義がありました。

では、銀行員すべてがこの教授並みのスペシャリストということになるのでしょうか？

みなさんもご承知の通り、決してそうではありません。


銀行員にもいろんな銀行員がいます。

まじめにお客様のほうを向いて、お客様と一緒になって一生懸命に働く行員もいれば、お客様はそっちのけ、上司の顔色ばかりみて仕事をしている行員だっています。

本部勤務が長くて、ほとんど支店での営業経験のない行員もいます。

ただ共通点として言えるのは、彼らには不動産の実務知識があるわけでも、建築実務の知識があるわけでもない、ということです。

もちろん、自己研鑽に努め、高い目標意識と貢献意欲を持ってがんばっている人たちもいます。

私自身の例でいえば、銀行員時代に、不動産の知識のなさでお客様に迷惑をかけてはいけないと思い、宅地建物取引主任者の資格を取りました。

しかし、忙しい銀行業務が山ほどあり、達成しなければならないノルマが残っている中で、そんなことをする私は、〝変わり者〟として見られていたかもしれません。

つまり、銀行員の多くは、金融商品の知識はあっても不動産や建築の知識に関しては、全くの素人である場合が多いのです。

素人担当者には、「数字」で理解させる

先日も、私がお客様のアパート融資の案件で某大手銀行に行くと、行員から、

「借地権ってなんですか?」

と聞かれました。

どんなにしっかりとした必要書類を用意しても、担当者が「わからないから」という理

由で、相談がうまく進まないこともあります。

そういう意味で、**融資を受ける際、いい担当者に巡り合えるかどうかは、大きな問題です。**


以前、融資付けに関するセミナーを開いたときに、お客様の中に現役の銀行員という方がいらっしゃいました。

その方が言うには、

「30歳以下の若い行員で、不動産投資のことがわかる人はほとんどいない。ある程度経験のありそうな行員に相談するのも、ひとつの方法」

ということでした。

これについては私も同感です。

銀行員でも、融資業務に慣れないうちは、大きな金額を貸し付けることに抵抗があるものです。特に、小さな支店から転勤してきた人は、数千万の融資など滅多にないので、その金額だけでアレルギーを感じる場合もあります。

数年以上のキャリアのある人は、

「今、世の中では不動産投資というものが人気で、サラリーマンでもアパートを建てたり買ったりしているそうだ」

という知識はあります。

少なくとも、そのレベル以上の人に当たらなければ、話は進みません。

とはいえ、相談に行った日に融資窓口に座っていた人が不動産にチンプンカンプンだからといって、担当者を変えてもらうことはできません。

こちらができることは、目の前にいる担当者にこちらの希望をわかりやすく伝え、「必ず返します」「十分返済可能な案件です」ということを、態度と数字で示すことです。

銀行員は職業柄、事業計画書などの数字を見ることには長けています。

ですから、不動産投資のことは知らなくても、数字で説明すれば理解しようとします。

そんな相手には、

「こんなことは言わなくても知っているだろう」

「不動産投資の常識だから、いちいち知らせなくてもわかるだろう」

という考えは捨てて、**小学生に教えるくらい丁寧に説明してあげてください。**

「そんなことも知らないの？」

というような言い方はご法度です。

銀行員は基本的に、プライドの高い生き物です。

居丈高な態度でものを言えば、

「だったら、あなたには貸しません。それよりも、投資信託を売って5％の手数料を稼いだほうがラクなんだから」

と思われてしまいます。

反対に、よくわかっていない担当者でも、相手が理解しやすい資料を用意して、この案件が相手のメリットになることを伝えられれば、やる気にさせることができるのです。

紹介があれば門前払いは防げる

銀行員に不動産投資に関する知識、もしくは融資の意欲がなくて前に進めない、ということを防ぐには、不動産投資に詳しい行員を、人から紹介してもらうのがいいでしょう。

融資の話題になると、必ず出る質問に、

「どこの銀行が借りやすいのでしょうか？」

というものがあります。

都市銀行？　地方銀行？　信用金庫？

この質問に対しては、未来永劫、おそらく答えは定まらないと思います。

なぜなら、どこの銀行だと良くて、どこの銀行は駄目という明確な基準はなく、また基準を作ることはできないからです。

例え同じ銀行であっても、資金調達の相談に行った時期、担当者、支店長によって出てくる結果は異なります。

しかし、ひとつだけ言えることがあります。

それは、「まったく知らない銀行」より、「面識のある銀行」「人からの紹介がもらえる銀行」の方が借りやすい、ということです。

ベストは、「相応の人」の紹介を通す方法です。

相応の人というのは、銀行との繋がりが親密な人、銀行が「この人のお願いは、最初から無下には断れない」と感じるような人を指します。

地元の名士や優良企業の社長さんなどが親戚や知り合いにいれば、相談してみましょう。

不動産投資家の仲間から、銀行の担当者を紹介してもらえないか、相談してみるのも一考です。

また、不動産業者が銀行と太いパイプを持っている場合は、まかせてしまうという方法もあります。

ただし、有力な人の紹介＝融資即決定という訳ではないので、過度の期待は禁物ですが…。

紹介してもらえそうな人がいない場合は、既存の取引銀行に行かれることをおすすめします。

例えば定例的に自宅に来訪する銀行員、勤務先を定例的に来訪する銀行員などと面識があるのなら、その方に相談されるのが一番です。

こうした銀行員との面識は、スタートの段階で自己紹介をする手間が省けるだけでなく、初対面の銀行窓口で、いったいどこの誰で何者なのかと、カウンター越しに、懐疑心いっぱいの目で見られるような、不愉快な思いをすることを防げます。

基本的に銀行は、常に疑いの目でお客様をみています。

以前、こんな話を聞いたことがあります。

行員のスキルアップ研修だったか、ジョブローテーション研修のとき、人事部の担当がこんなことを言ったそうです。

「今後銀行は、社員の業績評価・人事考課、日頃の仕事振りを観察する際は、常に性悪説の立場に立って判断します。職員一同そのつもりで」

これはつまり、**銀行組織の幹部が、自分の組織に属している人間を、「信用しませんからそのつもりで」、と上から目線で公言しているようなものです。**

そんな自社の社員すら信用しない銀行という組織が、今まで何の取引もなかった、しかも一見さんを、ホイホイと二つ返事で信用するでしょうか?

まずもって疑ってかかるのが当然のことだとは思いませんか?

ましてや、今、銀行が一番資金を貸しづらいといわれる、不動産投資物件の購入資金ならなおさらでしょう。

みなさんが融資相談に銀行窓口に行かれるとき、銀行は最初、「疑いの目」で見てくることを覚悟しなければなりません。

例え顔が笑顔で笑っていても、頭の中は常に疑っていることを忘れないで下さい。

そう考えると、面識や紹介のある銀行員がいれば、その銀行員にまず相談するのが理想的だということが理解してもらえるでしょう。

基本は「取引のある金融機関」に持ち込む

紹介は難しく、特にお付き合いのある銀行員もいないという場合は、

・給与振込口座や年金振込口座のある銀行

・公共料金や預金のある口座の銀行（これらを銀行では〝生活口座〟と呼びます）

など、取引のある金融機関に持ち込むのがいいでしょう。

しかし、取引のある銀行が地主以外の不動産投資の案件はまったく扱わない、というよ

うな場合は、初対面の銀行に相談に行かざるをえません。

その場合は、
・家の近くの銀行
・物件の近くの銀行
を選びましょう。


銀行員は、「なぜ、この人はうちの銀行でお金を借りたいのか」を気にします。

まったく付き合いのない人に対しては、

「他で断られたから来たのでは？」

「何かワケありなのでは？」

と勘ぐります。

そのとき、

「家からわりと近い銀行で、利用するのに便利」

「購入物件がこの近くで、今後、物件管理・家賃管理するにも便利」

という具合に自然な返答ができれば、銀行側に怪しまれることを防げます。

ただ、たいていの銀行は、似たような場所に支店を出しています。

どの銀行に行くか迷ったときは、各銀行の商品性や金利、手数料などを比較して、最後は、好みで決めるのが、いいのかもしれません。

支店はできるだけ大きなところへ

支店を選ぶときに、気をつけたいこともあります。

それは、融資を実際に業務としておこなっている支店を選ぶということです。

最近は、**表向きの店構えは普通の支店と変わらないのに、融資業務をおこなわず、その支店を管轄する中規模の支店に、融資案件を取り次ぐだけという支店があります。**

そのような支店に融資の相談に行けば、余計な時間と手間がかかることになります。

私の例でいえば、できるだけ大きな支店に相談に行っています。

大きな支店の方が、支店長の決裁権限が大きいでしょうし、銀行員たちも大きな金額を扱いなれているからです。

■融資の相談は時間的な余裕を持って

融資案件は普通、次のような手順で決裁に向かいます（もちろん、融資金額や案件内容によって決裁権限の範囲が異なるため、すべての案件がまったく同じわけではありません）

1、融資渉外担当者・窓口担当者
↓
2、（直属の）課長
↓
3、融資課長
↓
4、副支店長
↓
5、支店長
↓
6、本部の審査役

7、審査副部長
　↓
8、審査部長

仮に、**各々1人が1日審査に費やしたとしても、ある程度の融資金額を超えると、かるく1週間以上はかかることになります。**その間、いろんな照会事項や追加書類の提出を求められると、更に日数を要してしまいます。

アパートローンは、一般の住宅ローンやマイカーローンといった規格商品のローンとは異なり、名称はローンでありながら、事業性資金（俗にいうプロパー資金）の申し込みとほとんど変わりません。

ですから、案件内容については、深く細かく吟味されることを忘れないでください。

また、資料はシンプルでわかりやすく作ることも重要です。

担当者が、上司から何か質問されたときに、スラスラと説明しやすい資料が用意されていれば、順調に決裁まですすむ可能性が高まるからです。

ローンの規格商品は、それぞれチェック項目があり、基本的にその項目をクリアさえしていれば大概はＯＫになります。

しかし、事業性資金については案件計画も含めた内容まで厳しくチェックされる訳です。

したがって、物件売買の日は決まったが、銀行の決裁が下りず、毎晩ヒヤヒヤなんてことのないようにスケジューリングを検討してください。

最近は、クイックレスポンスをうたい文句にしている銀行も多いので、以前に比べれば結果連絡はわりに早いようです。

しかし、基本的には３週間はみておきたいところです。

また、否認という残念な結果が出た場合のことも、念頭に置き準備する必要があるでしょう。

「決算期前は有利」は本当か？

銀行には中間決算が９月末、最終決算が３月末にあります。

銀行にとって、ノルマは絶対です。

そのため、決算前に数字が足りなければ、別の時期よりも貸出意欲が強くなる傾向があるようです。

とくに8月はお盆休みがあり、支店の行員も順次休暇に入るため、貸出残高が伸びません。そこで、盆休み明けから9月末の中間決算に向けて、数字を伸ばすことに必死になります。

3月末の決算に向けては、2月中旬くらいから力が入ります。2月は日数も少ないので、「ようし、がんばるぞ」という気持ちにもなりやすいようです。

なかなか色よい返答がもらえなかった案件について、突然、前向きな連絡があるような場合は、時期的な要因が影響したとも考えられます。

とはいえ、**別の時期なら絶対に通らないものが、この時期だから通るということはありません。**

当確ライン上にある案件で、

「これを通せば目標が達成できる」

というものがあれば、とりあえず稟議に上げるだろう、という程度のものです。

★デキる銀行員とそうでない銀行員の見分け方

みなさんの融資相談が、窓口の担当者の受け止め方、経験、不動産投資に対する考え方など、銀行員個人の資質に関係してくることはすでに述べたとおりです。

運よく、貸出実績が豊富で、不動産や建築の知識を備え、アパート経営、収益不動産にも精通しており、自分の案件のように本部に稟議してくれる熱心な担当者に出会えれば、融資の可能性は高まります。

しかし、大部分の銀行員は、不動産や建築の知識の乏しい人たちです。

デキる銀行員とそうでない銀行員とでは、稟議を通すための組み立て方のスキルに大きな差があります。

当然、借りる側からすれば、担当者のある程度の力量は知りたいところです。

たくさんの銀行を回る中で、どの担当者なら稟議を通せる可能性が高いのか見分けることができれば、効率よく融資のステップを踏んでいけるからです。

ここからは少し、デキる銀行員とそうでない銀行員の見分け方をお伝えします。

●窓口担当者が、マニュアルを見ながら対応する

銀行はそれぞれの貸出形式に対し、マニュアルを作成しています。そこには、商品概要（上限金額、最長期間、金利、担保評価方法）から貸出条件、必要書類に至るまで、さまざまなルールが記載されています。

目の前の銀行員が、相談中にマニュアルを確認しながらでないと対応ができないとしたら、その行員はおそらく経験が浅いのでしょう。

私自身、**たくさんの金融機関を回っていますが、スムーズに案件が進んだ担当者は、相談の際にマニュアルではなく、案件ノートと金融電卓を睨んでいました。**何度もアパート融資を経験している人なら、必要事項はほぼ頭に入っているはずです。

●事業収支をザックリ試算しない銀行員

アパート事業が事業として成り立つか成り立たないかは、稟議の分かれ道です。ですから、相談を受けた銀行員がまず気になるのは、その計画で収支が回るのかどうかということです。**熟練の担当者であれば、その場で電卓をたたき、稟議に乗る可能性を計ろうとするはずです。**提出された資料を見て、すぐに電卓をはじき出すようなら、相応に経験のある銀行員と思われます。

逆に、ただ資料を眺めるだけで話が終わるようなら、不動産投資、アパートローンについては、あまり経験のない担当者なのかもしれません。

資料を受け取ってすぐ、「後日改めて連絡します」と言うケースも同様です。デキる担当者なら、相談者との会話を通じて、稟議に必要な生きた情報を得ようとするはずだか

らです。

●担保評価を試算しない銀行員

稟議を組み立てるにあたり、担保評価は大切な要素です。

もし、**担保評価と希望金額が著しく乖離しているようなら、銀行員は早い時点でそのことをやんわりと伝えようとするはずです。**

資料を見ても、「本部で物件評価してみなければ何とも分かりません」などと言い、試算すらしないようなら、最初からその案件に興味がないのかもしれません。

●数字に鈍感な銀行員

稟議は数字で説明するものです。

家賃設定金額や入居率、土地の坪単価、建物の建築単価等の数字は、融資の可能性を決める重要な材料となります。その数値について相談者とキャッチボールがないのは、その案件に関心がないのか、認識不足なのかもしれません。

土地の坪単価が高いか安いか、建物単価が高いか安いか等の話題に踏み込んでくる場合は、それなりに経験がある行員だと考えられます。

●建築基準法の確認をしない銀行員

担保不動産について最も重要なのは、建築基準法上、適正か否かということです。

そのため、担当者がその物件について建築基準法上の問題がないか、道路法や接道間口についてはどうかと、確認をとろうとするのは自然の流れです。

変形地などの物件を持っていったにもかかわらず何も聞かれないのは、公図、測量図から接道状況を確認できないからかもしれません。そのような銀行員は、経験が乏しいと言えるでしょう。

●非難通路や隣地境界、軒高を訪ねる銀行員

アパート新築にあたり、**避難通路の幅や、隣地境界線からの後退距離、植栽基準や軒高（高さ制限）にまで踏み込んでくる**銀行員は、経験豊富な銀行員と理解していいでしょう。

天井高やロフト（屋根裏収納）についても認識しているようなら、それなりに安心してもいいように思います。

ただ、誤解してはいけないのは、銀行員が優秀な場合も、融資が通ることとは別物だということです。

担当者がどんなに融資したくても、本部が「ＮＯ！」なら、融資は出ません。

いい担当者に当たり、満足のいく交渉ができたなら、その先は静かに見守ることしかできないのも、銀行融資の真実なのです。

第2章

元銀行員「藤巻 聡」の半生より、銀行員の考え方を知る

■ 銀行員にもそれぞれの人生ドラマがある

融資の相談にいらっしゃる方の多くが、「銀行員は苦手」とおっしゃいます。

その理由はというと、

「銀行員はみんな超エリートで、こちらのことを見下しているようなイメージがある」

「冗談も通じないような冷血人間ばかりに思える」

といった具合です。

確かに、銀行員は性格的にも堅実でマジメな人たちが多いといえます。

しかし、**そうはいっても、当然、それぞれに個性があります。一人ひとり、銀行員になった動機も違いますし、銀行でやりたい仕事も異なります。**

スーツを着て眼鏡をかけた彼らにも、ひとつずつ人生があり、ドラマがあるのです。

この章では、そのひとつの例として、元銀行員の私のこれまでの生涯を紹介します。

〝融資課の藤巻〟が、どのような経緯で銀行員になり、どんな気持ちで銀行で働いていたのか、お客さんは誰一人として想像しなかったことでしょう。

どのようにして、私という不動産融資アドバイザーが生まれたのかを知っていただくとともに、「借金」の怖さについて感じてもらえたらと思います。

「銀行員もひとりの人間である」

その当たり前のことを感じていただくことで、銀行へのハードル（少なくとも心理的なハードル）は低くなるのではないでしょうか？

銀行の貸しはがしが原因で父の勤務先が倒産 お金に苦しめられた青年時代

私は42年前、富山県の田舎町で生まれました。

父は当時、富山で盛んだったアルミ関連企業の下請け会社が使う工業機械を輸入・販売する会社に勤めていました。

その会社は主にドイツのプレス機などを扱っていて、商品のメンテナンスなども父の仕事でした。地元の富山だけでなく、関東や九州などにも取引先があり、父は月のうち3分の2は出張に出かけているような忙しい日々を送っていました。

父は出張から戻るたびに新しいオモチャを私と弟に買ってきてくれました。

あの頃は、**ボーナスの時期になると、銀行員が「積み立てのお願いに参りました」と言って家を訪ねて来たものです。**

田んぼの真ん中にあった我が家は、当事ではモダンなコンクリート作り。どちらかといえば、裕福な暮らしをしていたと思います。

■大学受験で自分の貧しさを実感する

ところが、昭和48年のオイルショック後、父の勤めていた会社が倒産しました。**大人になってから聞いたのですが、原因は銀行の貸しはがしだったそうです。**

そのとき、私は小学校1年生くらいで、弟はまだ幼稚園の年少組だったと記憶しています。

父は会社の整理を手伝ったあと、今までの経験を生かした機械整備の仕事をはじめました。とはいえ、相手はただでさえ経営の厳しい下請け会社ですから、儲からなかったのでしょう。

母は、朝から晩まで着物の裁縫の内職に励んでいました。

いつだったかはっきり覚えていないのですが、母が女の赤ちゃんを産み、その子がすぐに死んでしまったことがありました。

妹の骨は知り合いの持つ墓に葬られたものの、ある行き違いをきっかけに家に戻ってきて、しばらくの間、床の間に置かれていました。

両親がそれを望んだのではありません。お金がなくて、お墓を用意できなかったのです。

私と弟が、

「ずっとここに一緒いればいい。妹も嬉しいだろう」

と言うのを聞いて、母は小さく首を振りました。

その後、母の知人が嫁いだ先のお寺に収めてもらいましたが、金銭的な理由で娘をお墓にも入れられないというのは、親からすればつらかったろうな、と思います。

それでも、母も父も働き者だったのにで、食べるのに困ることはありませんでした。外食や旅行、クリスマスやお誕生会などとは無縁でしたが、皆そんなものだろうと思っていました。

自分の貧しさを実感したのは、大学受験のときです。

高校の同級生たちは国公立大学と私立大学を併願し、平均で6～7校を受験していました。当時の験料は約3万円、富山からの交通費や宿泊費を含めたら、数十万円は軽くかかります。

我が家には、その余裕がありませんでした。

限られた予算で受験できたのは、富山大学と中央大学の2つ。当事、富山で問題になっていたイタイイタイ病の裁判の報道などを見て、弁護士になることを夢見ていたのですが、結果は不合格でした。

2年目は、富山大と東京経済大学を受験し、東京経済大学に合格しました。ところが、母から打ち明けられたのが、「入学金は納めたけど、学費が払えない」という現実…。新聞奨学生になることも考えましたが、母から「国公立に行って欲しい」と言われ、東京経済大学の入学を辞退し、群馬県にあった公立の高崎経済大学を受けることにしました。

受験の日程的な理由が、この大学を選んだ大きな理由ですが、もうひとつ、年間の学費が21万円で、**「日本一学費が安い大学」であったことも無視できない魅力でした。**

母親に怒鳴った「仕送りはまだか」

大学に入学すると、家賃6500円の下宿での生活が始まりました。トイレは共同、お風呂は月、水、金に同じ敷地内にある大家さんの自宅の風呂を借りられるというシステムです。

1棟に6人住める建物が2棟あり、どこで誰がクシャミをしたかわかるようなボロでしたが、若かったのでそれも楽しかったです。

大学は9割が男子で、女子はほとんど見かけないような環境。デート代はもちろん、オシャレにかける費用も不要でした。

入学後に借りた日本育英会の奨学金が年間36万円あり、学費を払って残った分を生活費の足しにできたのも助かりました。

大学時代は最初の2年間で卒業単位の8割を取ってしまうほど、勉強しました。

特に入学した当初は必死だったので、アルバイトもせずに月3万円の仕送りと奨学金の残りでやりくりする生活でした。

あるとき、母親から涙声の電話がかかってきました。

「しばらく仕送りできないから、我慢してほしい」

と言うのです。

そのときは、道端のコーラやファンタの瓶を集めてセブンイレブンに運び、空瓶を1本20円に換金して、そのお金で食べ物を買いました。1袋68円のインスタントラーメンを半分に割り、2食にして食べたのを今でも覚えています。

実家にいるときは、お金はなくても食べ物はありました。しかし、**一人暮らしで財布にお金がまったくないという状況は、まさに「恐怖」でした。**

不安でたまらず、「お金が欲しい」と心から思いました。

母親に、「仕送りはまだか」と電話で怒鳴って泣かせてしまったことは、今でも後悔しています。

その反動ではありませんが、単位を取ったあとはアルバイトに励み、お金を貯めることに夢中になりました。

佐川急便、競輪場の警備員、深夜のラーメン店など、比較的時給が高い仕事を選んで授業以外は全部働きました。ラーメン屋は食事つきだったので、遠慮なく食べていたら、体重が113キロまで増えてしまいました。

ところが、**必死で貯めたお金は、すぐにスッカラカンに…。**

何に使ったかというと、車の免許と中古のカローラに化けたのです。

母親を援助するような優しさがあればよかったのですが、その頃は女の子にモテたくて仕方なかったので、車を欲しい気持ちを止められませんでした。

カローラは2ドアのハードトップでスーパーホワイトに黒の2本のラインが入ったオフロード仕様でした。

真夜中の赤城山のストリートレースに参加したこともあります。

当事、群馬のストリートレースは「イニシャルD」という漫画になるほど、盛り上がっていました。

しかし、お金をかけた改造車にかなうはずもなく、結果は散々。仲間と大騒ぎしたあと、狭いアパートに戻っても、興奮してよく眠れなかったのを覚えています。

大学時代の4年間で、このカローラが唯一の贅沢でした。

免許と車にかかった費用は42万円。授業が終わってからアルバイトに行き、自給100

0円で420時間働いて作ったお金です。

「お金って貯めるのは大変なのに、出て行くのはアッという間だな」

と、カローラのハンドルを握りながらしみじみ思いました。

モテたくて車を買ったのに、結局、助手席に女の子が乗ることは一度もありませんでした。

■父親の会社が倒産するきっかけになった銀行へ就職

大学3年の後半になると、就職活動が始まります。

当事は売り手市場だったこともあり、いくつか受けてみて、受かった中から面白そうなところに行けばいいと考えていました。

流通、IT、旅行代理店、メーカーなど、興味本位で受けた中で、最後に絞ったのがダイエーと銀行の2つです。

ダイエーには、

「君は、人と変わった発想をする変なところがいい。本部で採用するからぜひ来てくれ」

と言ってもらいました。筆記試験、面接試験ではトップ10に入っていたそうです。

しかし、**最後の最後で選んだのは銀行でした。**

「社会に出て何をしたいか」と考えるうち、「お金で悲しい思いをする人間を減らしたい」という思いが湧いてきたからです。

銀行員になれば、会社の経営判断をする立場の人と、直接話ができます。

私の父の会社は倒産しましたが、もしかしたら、銀行がちゃんと指導してくれていたら、つぶれなくても済んだかもしれない、という思いがずっと心にありました。

企業がリスクの高い道へ進もうとしたら、銀行は会社の社長に対し、「無理にでもその経営判断を優先するなら、当行は資金を引き上げ、手を引きますよ」と、無謀な判断にブレーキをかけることで、その企業を守ることもできます。

今思えば、オレごときが何を、という感じですが、**そのときは自分が銀行員になることで、不幸になる人たち、路頭に迷う人たちを減らせるのではないか、と考えました。**

母親が安定企業を望んだことも理由のひとつです。

母の世代の富山の人たちは、銀行か県庁か電力会社に入れば、「一生安泰」というイメージがあるようでした。

さらにいえば、富山は全国でも貯蓄率、持ち家率がナンバー1の裕福な県です。富山で銀行勤めといえば、ちょっと胸を張れるような雰囲気でした。

都市銀行や信託銀行など、いくつか選択肢があったのですが、母親が、

「富山に帰ってこれるの？」

と心配するので、消去法で地元の銀行に就職することにしました。

皮肉なことに、父親の会社が倒産するきっかけになった銀行です。しかし、母はそんなことより、息子が銀行員になったことが嬉しいようでした。

理想の銀行員と現実の自分とのギャップ

銀行に就職して、最初に配属されたのは東京にある大きな支店です。新人だったので、与えられた仕事をマジメにこなすことで精一杯でした。

その後、**札幌支店、関西の某支店、富山県内の支店に配属になり、退職するまでの17年間で数え切れないほどの案件を扱ってきました。**

必死に業務をこなすだけだった時期を過ぎ、少し回りが見えるようになると、理想の銀

行員と、自分がやっている仕事とのギャップに、苦しむようになりました。

関西の支店にいたとき、銀行の口座に５０００万円ちかい預金があるおばあちゃんの家を訪問して、投資信託を売ってくるように、指示されたことがありました。

おばあちゃんに１００万円分の投資信託を買ってもらい、それを報告すると、上司の顔色がみるみる変わりました。

「なんで預金が5000万円あるのに、100万円しか売らないんだ。１０００万円は取れるだろう。今月あとどのくらい数字が必要なのか、わかってるのか。そんなことで、今月の自分の目標を達成できるのか？」

上司の言う「数字」とは、本部から割り振られた支店ごとの目標額のことです。

しかし、投資信託は元本割れのリスクがあります。そのおばあちゃんの預金は余裕資金ではなく、年を取ったときの生活費で、虎の子でした。ですから、私はリスクをとれる範囲の１００万円だけお願いして買ってもらいました。

それを説明すると、上司はさらに顔を赤くして、怒りました。その上司がつけたその年の私の人事評価は、言うまでもなく、決していいものではありませんでした。

こんなことが何度もありました。

私は、生まれつきの性格が、銀行員には向いていなかったのかもしれません。

銀行員が、人を幸せにする手伝いができるなんて、間違いだったのかもしれない…。

そう思って行内を見回すと、出世しているのは、銀行という組織のために頭と心を空っぽにしてお客さんの目を見ずに働いている人ばかりのように思えました。

元銀行員の妻との離婚と3人の子供との別れ

長い銀行員時代には、元妻との出会いという楽しかった思い出もあります。別の支店に勤めていた彼女と、遠距離恋愛を経て27才で結婚しました。

結婚後は、男、女、男の3人の子供にも恵まれました。

途中、札幌や関西に異動になったときも、家族は自分についてきてくれました。

しかし、**妻とは結婚11年目に、彼女の希望で調停離婚しました。**

原因は一言では言い表せませんが、そのうちのひとつが、「持ち家」に対する考え方の違いでした。

関西の支店から、地元の支店に戻ったとき、妻が家を建てたがりました。

しかし、**私は資産を生まないマイホームは「負債」と考えていたので、「家は建てない」と宣言しました。**

妻が、「3人の子供たちのためにも大きな家が必要」と主張すれば、

私は「子供なんてあと10年もすれば皆、家を出て行く。子供たちが出て行ったあとで2人しか住まない家に、20年もローンを払い続けるのは意味がない。今から大きな借金を背負うなんてリスクが大きすぎる」と言い返しました。

妻が、「教育費にかかるお金の分は私が働く」と言えば、

私は、「だったら家を買わずに、現金を子供たちのために使えばいいじゃないか」と反論します。

話し合いは平行線でした。

妻は、「私の人生設計、めちゃくちゃ」と吐き捨てました。

そういえばその少し前にも、「結婚10周年なのにスウィートテンダイヤモンドもない」と言って怒っていたことを、今でも覚えています。

振り返ってみると、自分は、いつの頃からか、妻を喜ばせるようなことを何ひとつして

いなかったように思います。それどころか、期待を裏切るようなことばかりでした。

妻からしてみれば、思い描いていた人生設計が根本から引っくり返された、そんな思いでいっぱいだったのでしょう。今はただ、申し訳ない限りです。

そのうち、借家の目の前に住んでいた妻の両親も出てきました。

私の両親も交えて6人で話し合ったとき、

「金、金、金、世の中、金がすべてですよ。銀行に勤めていて金のない息子さんは人間失格です。その親も人間失格」

と言われました。

「もうこれ以上無理だ。もう一緒にはやっていけない」

と思いました。

でも、その当時を、今振り返ってみれば、確かに世の中はお金です。お金がすべてです。いまさらなのですが、愛や優しさや真心だけでは生きていけない。お金なしには、子供たちを守っていくことはできないのです。

きっとそのことを私に伝えたかったのだと思います。

前にも述べましたが、富山県は持ち家率が全国で1位の県です。

「家を建てるのが当然」という空気の中で、銀行に勤めていながら賃貸に住み続けると言い張る私は、よほど甲斐性なしに見えたのかもしれません。

向こうの両親も娘と孫を守るために、必死だったのでしょう。

恥ずかしい話ですが、当時の私にはカードローンでの借金が300万円ありました。

毎晩のように、銀行の同僚や友人、取引先と飲みに行っているうち、そんな金額になってしまったのです。

あれほどお金で苦労してきたのに、今度は自分自身のだらしなさが原因で、借金を作り、家族に愛想をつかされてしまいました。

今思うと、そんな男がマイホームを持つリスクについて説明したって、ただの言い訳にしか聞こえなかっただろうと思います。

それ以外にも、私が気づかないところで妻や子供たちを傷つけていたことは、想像に難くないと思います。

結局、調停離婚は成立し、私は一人で人生をやり直すことになりました。

途中、３人分の養育費の金額と、私の厚生年金の分割という話でもめたのですが、弁護士さんがうまくまとめてくれました。

原因が浮気や暴力ではないということで、慰謝料はありませんでした。

もう今日で裁判は終わりという日、裁判所を出ると目の前に夕焼け空が広がっていて、なぜかわかりませんが、妙にすがすがしい気分になったのが、自分でも意外でした。

私は大好きな母から、かわいい孫たちを奪い、同時に子供たちからは父親を失わせてしまいました。

今でも、母や子供たちには申し訳ないことをしたという気持ちで一杯です。

■ 17年間勤めていた銀行を退職

離婚して実家に戻ると、すぐに正月がやってきました。

家には年老いた両親と私の３人きりでした。

暇つぶしに、独り冬の日本海を見に行くと、「自分には、妻も子供たちももういない」という現実が、荒れ狂う荒波と重なるように私の心に押し寄せてきました。

同時に、銀行員として自分がしてきたことが、あまりにも理想とかけ離れているという情けなさで胸が一杯になりました。

「家族がいなければ、銀行にいる必要はないんじゃないか…」

ふと、そんな思いが頭をよぎります。

それまでもときどき考えたことがあった「退職」が、離婚したことで、がぜん現実味を帯びてきました。

その頃、NHKで「ハゲタカ」というドラマを放送していました。

大手銀行を舞台に、銀行員たちの心の葛藤を描いた内容です。

その中で、柴田恭兵さんが演じていた銀行員が、悩んだ末に銀行を辞める場面がありました。

そのときのセリフを今でも覚えています。

「私は44です。人生の折り返し地点はとっくに過ぎています。ですが、残りの人生、自分に言い訳しながら生きて行くには長過ぎます」

自分の思いそのものでした。

休み明けに、上司に退職の意を伝えると、

「離婚なんていっぱいある。がんばれ」

と言ってくれました。しかし、自分の中で張り詰めていたものが切れてしまった感じで、気持ちが変わることはありませんでした。

「もう限界です。お客様のためにと思ってやってきたけれど、今はその気力もありません。今はもう、自分さえもイヤなんです。人生をすべてリセットしたいんです」

そう伝えて、辞表を渡しました。


17年間、銀行に勤めて得た退職金は約1000万円です。

300万円はカードローンを返済し、400万円は父親の借金返済にあて、残りはその後の子供たちの養育費に代わりました。

子供の頃から誕生日にケーキを食べたこともなく、お正月にお餅を食べるくらいが小さな贅沢でした。

そんな自分が大人になり、銀行に就職して、人並みの幸せをようやく手に入れたと思ったのに、楽しみは長く続きません。

40才の冬、私は妻と3人の子供たち、そして仕事を失いました。

1カ月のアメリカ放浪で自分を取り戻す

退社後は実家に戻りました。近所の人に怪しまれないように、スーツを来て毎日、図書館に通いました。

しかし、読みたかった本を読んでも、資格の勉強をしてみても身に入りません。そこで、ずっと行ってみたかったアメリカへ一人旅に出かけることにしました。

お金をほとんどもたず、ホテルの予約もせず、リュックひとつ、ジーパンにTシャツで飛行機に乗ったため、NYの入管で怪しまれ、30分以上も質問攻めにあいました。

職業を聞かれたとき、とっさに「アイムバンカー」と答えると、相手は突然、表情を変えて、「ウェルカム」と言って入国を認めてくれました。

正直に「無職」と答えたら、どうなっていたのでしょう。肩書きがないことの不便さを初めて実感した瞬間でした。

最初に向かったのはウォール街です。銀行時代から、この〝世界の金融の中心〟に興味があったのです。

ビルの中を見てみたくて入り口でお願いすると、「予約と身分証明が必要」と断られたので、仕方なく道端でディーラーらしきビジネスマンたちを観察していました。

すると、携帯電話でまくしたてるように話をしている人たちが、すぐ横を通り過ぎます。

「こいつらが世界3大マーケットの一つを動かしているんだ。日本人がかなうわけないよ」

と、妙に合点がいきました。

銀行員時代の私のように、クヨクヨと悩んでいるバンカーなど、一人もいないように見えます。大金を動かす人特有のパワーやオーラがありました。


結局、1カ月近く、アメリカを放浪しました。

初めての一人旅が、17年間で溜まった心の澱を洗い流してくれたようです。

安宿で出会った人たちの自由な生き方も、日本にいるときは危なっかしく思えたのに、アメリカで見るととても新鮮でした。

帰国したときには全部をひっくるめて、

「ま、いっか」

という気分になっていました。

新しい仕事は手取り18万円の工務店営業マン

銀行員時代から不動産が好きで、宅建の資格を取っていたこともあり、日本に戻ってからは、不動産系の会社を中心に就職活動をしました。

アメリカ旅行が楽しかったので、海外勤務の可能性があるところを狙ったのですが、「40才」という年齢が邪魔をしてうまくいきません。

海外勤務の可能性がある会社は、たいてい本社が東京にあります。

「受かったら、本当にうちで働くのですか?」

と、どこに行ってもいぶかしげに聞かれました。

富山在住の40才の元銀行員が、なぜ畑違いの不動産業界で、しかも海外勤務を希望するのか、採用する側から見ると、不明、不可思議、不安な点が多かったのだと思います。


ようやく決まった再就職先は、知人が副社長を務めるビルメンテナンス会社でした。

海外勤務の可能性はありませんが、背に腹は変えられず、就職。そこでしばらく働いたあと、やはり建築か不動産系の仕事がしたくて、川崎にある小さな工務店に転職しました。

保険の代理店をしている大学時代の先輩の紹介でした。

給料は手取り18万円。銀行時代の約半分でしたが、そんなことは言っていられません。とはいえ、現実的に予算の制限があるため、再出発の地となるアパートは、川崎市の家賃4万円の木造ワンルームに決めました。

大学生の頃に住んでいたボロ下宿とよく似たこの部屋から、もう一度人生をやり直したかったのです。

給料から家賃と養育費を支払うと、手元に残るのはわずかです。電車賃ももったいないので、職場や取引先には、自転車で回ることにしました。

夏の暑い日は汗だくですが、自転車移動は体が引き締まり、貧乏生活もなかなか悪くないと思いました。

遠回りして出会えた本当にやりたかった仕事

自転車に乗って営業先を回る中で、「アパート投資の王道」というチームを運営する白岩貢さんとの出会いがありました。

そこから私の人生が大きく変わりました。

私が自分の経歴を話すと、

「元銀行員なら、融資付けについて、相談にのってもらえませんか？」

と白岩さんから依頼を受けたのです。

アパートやマンションの融資案件は、銀行員時代に数え切れないほど扱いました。数百万円の物件から、数億円の物件まで、書類を確認し、現地に出向き、事業計画書を見直し、稟議書を作りました。

銀行が融資をするか否か、その金額はどれくらいかを判断することは、私にとっては難しいことではありません。

しかし、それが仕事になるとは思っていませんでした。

ところが、実際に多くの不動産投資家たちの相談に乗るうちに、私が彼らの疑問や相談に答えられることがわかってきました。

そんなとき、

「藤巻さんの元銀行員としての知識は、アパート投資家の人たちのサポートになるよ。ぜひ、それを仕事にしたらいい」

という白岩さんの後押しがあり、私は人生の舵をもう一度、切り直すことに決めました。

実は、銀行勤務時代に、不動産投資に関する融資は、私の得意とするところでした。

中小企業の事業用融資などに比べて、「担保もとれて、キャッシュフローも安定する」不動産投資は、リスクが低く、安心して融資できる貸付先と感じていたからです。

さらに言えば、この新しい仕事は、私が銀行に入ったときに目指した目的を叶えられるものでした。

銀行に提出する資料を作るためには、事業の内容についてはもちろん、その方の人生設計や、お金に関する考え方にいたるまで、細かいヒアリングが必要です。

なぜ、わざわざ借金をしてアパートを建てるのか。

何年後に、何万円の収入が欲しいのか。その理由は。

なぜ、この土地なのか。

この間取りを選んだ理由は。

返済計画に無理はないか。

将来、売る予定はあるのか。

もし売却することになったら、いくらで売れるのか。

家族はこの件について、なんと言っているのか。


質問に答えられない方もいますし、とんでもない勘違いをしている方もいます。

しかし、**相談者と一緒に事業計画を見直すうち、そのアパートを手に入れることが、将来の豊かな暮らしに貢献するか、そうでないかが、数字として見えてきます。**

もちろん、リスクが高いと判断すれば、プランを変更することもあります。

この案件を進めることで、10年後、20年後に苦労することが目に見えているなら、「私なら、やりません」と伝えます。


相談者さんたちと話しているうち、自分が今していることが、

「お金のことで失敗して不幸になる人を減らしたい」

「人の喜びや幸せに、貢献したい」

という、昔からの夢そのものであると気づいたときは、嬉しかったです。

★検査モードの銀行には近寄るべからず

銀行には、大きく分けて以下の4種類の検査があります。

① 金融庁検査
② 日銀検査
③ 本部検査（年1回　検査部の抜き打ち検査）
④ 定期検査（月1回　支店内部での定例検査）

中でも一番怖いのが、金融庁検査です。

どんな検査かというと、3年に1回位のペースで金融庁からエリートのお役人さんがやって来て、およそ1カ月に渡り、銀行内部を調査していくのです。

本部だけでなく、各支店でも検査はおこなわれます。ある朝、シャッターが開いたとたん、「金融庁検査でーす！」と言って入ってくるのです（怖）。

検査期間中、万が一にも現金が合わなかったり、窓口でお客様とトラブルがあったり、あるいは致命的な事務ミスを犯したりしようものなら、支店長の経歴には傷がつき、支店の評価は下がり、場合によっては頭取名で始末書となってしまいます。

まして、そのミスがお客様の不利益になると判断された日には、業務改善命令ということもあり得るのです。そんな日は行員全員がピリピリしていました。

カウンターの向こうにスーツ姿の男性が多く見られ、支店の雰囲気が妙に緊迫し、相談している行員が後ろの視線に緊張しているようなら、それはまぎれもなく検査です。

検査の日の銀行は、ほとんど〝検査モード〟に入っています。

そのため、アパートローンの相談に行っても、平常時に比べて銀行員の余裕がなくなっているかもしれません。

もしそんな日に当たったら、あまり期待せず早々に引き上げましょう。

泣く子も黙る金融庁検査。本来は、お客様の安心を守るための検査なのですから、本末転倒ではあるのですが…。

第3章

藤巻 聡のアドバイスにより、6億5000万円以上の融資を引き出した実例

案件
File 1

【中野区K邸の案件】

工務店が小さいことを理由に融資がストップ 財務内容を数字で説明して満額融資が可能に

場所　中野区内
物件　4世帯木造アパート　フル賃貸
敷地面積　133・32㎡
延べ床面積　138・44㎡
総事業額　8000万円
希望融資金額　7300万円
実行融資金額　7300万円
施主さんの職業　公務員

【この投資のポイント】

★中野区の駅近くという資産性の高さ、公務員という施主さんの属性、2人入居も可能なアパートのプランなどが有利に働くと予測し、総事業費のうち9割の融資が可能と予測しました。

工務店を変えないと融資できない

印象的だった融資案件のひとつに、中野区に4戸のアパートを建てたKさんの例があります。

Kさんは土地と建物込みで7300万円の融資を受け（※1）、木造アパートを建てることになっていました。

オーナーさんの職業が公務員であり、土地も相場より安く買えたなど、比較的優位な条件が揃っており、審査はスムーズに進みました。

ところが、書類チェックの段階で、（※2）「工務店の規模が小さすぎる。工務店を変えないと融資はできない」と銀行から物言いがつきました。

しかし、今さら大手メーカーや他の工務店に工事を依頼すれば、コストアップして収支が合わなくなってしまいます。つまり、工務店を変えることは、この案件自体がなくなってしまうことを意味しました。

※1…バランスの良い案件だったため、諸経費以外のほぼ全ての資金を借りられました。

※2…銀行によっては、建物の工事中に倒産でもされたら困るという理由で、中小規模の工務店を嫌がる傾向があります。

数カ月かけてやっと見つけた格安の土地なのに、ローン特約の期日までに（※3）決着がつかなければ、他の人の手に渡ってしまいます。

銀行を安心させるストーリーを数字で用意する

そこで私は、その工務店の財務内容のわかる資料を作成し、銀行に出向きました。

その会社の決算書の写しは、すでに銀行に提出してありましたが、補足としてA4用紙3枚の書類を作成し、次のような内容を伝えました。

・小さな工務店だが、創業以来40年以上の歴史があり、社長の人柄も非常に誠実であること。
・絶対額は小さいが、利益、売上高利益率は業界平均を大きく上

※3…ローン特約とは土地・建物の購入にあたって、買い主が予定していたローンの借り入れが一定期限内に利用できない場合に、売買契約を白紙に戻すことができるという特約のことです。

回っていること。

・表面上の借入依存度は業界平均並だが、銀行借入れ等の外部調達ではなく、個人借入れであるため、実態の借入れ依存度は業界平均よりかなり低くなること。つまり、その分財務内容は良好であること。

・負債の一つの短期借入れ分は、（※4）業界内のお付き合いとして分譲プロジェクトに参加したためで、年内に〇〇〇万円程度の回収見込みがあること。

・会社の預金や不動産などの資産が〇〇〇万円あること。

経営指標の表を作り、業界全体の平均と並べてみると、この工務店の数字が優秀であることは明白でした。（※5）

それらの数字を見た担当者は、「それならいいでしょう」と予定通りの満額融資の実行を了承してくれました。

※4…銀行は負債の内容を気にしますので、「不透明な負債」ではないこと、「返済の目処のない負債」でないこと、「赤字補てんの負債」でないことを説明することが大切です。

※5…担当の行員が上司に聞かれたときに説明できるような、具体的な数字を示すことが一番です。銀行員は言葉ではなく数字を信用します。

隣地との境界トラブルでアパートが建たないという危機

ホッとしたのも束の間、今度は隣地との境界でトラブルが発生しました。

その土地は敷地延長で、延長部分の幅はギリギリ2メートルでした。（※6）

正確に2メートルを確保するために、塀の建て替えなどについて隣地の持主に協力を求めたのですが、なかなか理解が得られません。

もしかすると、以前の所有者の方とトラブルでもあったのでしょう。話し合いは暗礁に乗り上げてしまいました。

しかし、ここでOKをもらえなければ、「土地代の返済は始まるのに、建物が建たない」という最悪の事態に陥ります。

お施主さんは、青い顔をしています。そこで、私が間に入って

※6…敷地延長とは、敷地の一部が通路状になっており、その通路部分を通って道路出入りする宅地のことです。法律上、敷地延長の細い部分の道幅が2メートル未満の場所に建物を建てることはできません。

交渉を重ね、なんとか丸く治めることができました。

実は、隣地との境界の問題は、（※7）融資には直接関係がありません。

しかし、融資のお世話をさせてもらったからには、最後までお手伝いするのが私の仕事だと思っています。

途中、何度も冷や汗をかきましたが、このお施主さんの初めてのアパート投資のお手伝いができたことを嬉しく思っています。

※7…近隣住人との関係を悪化させるとアパート建設後も小さなトラブルが増えるので、早い段階で問題の芽を摘んでおくことが肝心です。

案件
File 2

【世田谷Y邸の案件】

旅行仲間の支店長のいる銀行で「減額」一筋縄ではいかない賃貸併用住宅の融資付け

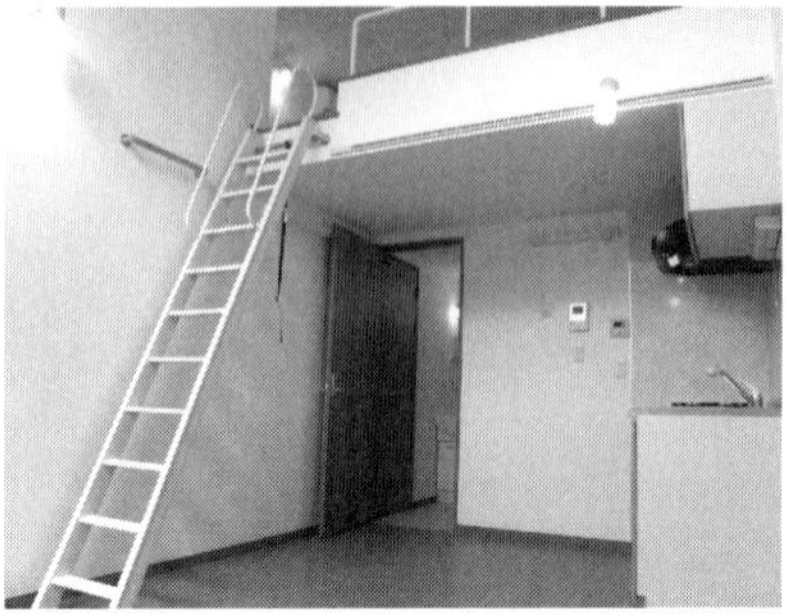

敷地面積　173・96㎡
延べ床面積　285・46㎡
1F　3世帯賃貸　2Fオーナー住居
総事業額　1億800万円
希望融資金額　8000万円
実行融資金額　8000万円
施主さんの職業　会社員

【この投資のポイント】
★このプランは、賃貸併用住宅という銀行があまり得意としない案件でしたが、施主さんが立ち退き費用として得たまとまった現金を所有していたため、充分に可能性はあると考えました。

7人家族が住む自宅の立ち退きを迫られる

この案件は、いわゆる賃貸併用住宅（※8）です。世田谷区内に40年以上住んでいた3世帯の7人家族が、ある事情から自宅の立ち退きを迫られ、新居としてこの物件を建てることになりました。

当初は、5000万円ほどの新築マンションを買う予定で、契約寸前までいっていたそうです。しかし、不動産投資について勉強していたオーナーのご長男が、「50代の父が今から5000万円のローンを背負うなんて無謀だ」と反対し、父子間で論争が起きていました。

困ったご長男が、知り合いの大家さんに相談してすすめられたのが、賃貸併用住宅でした。

この大家さんは、ご長男に弁護士を紹介してくれました。そこで、ご長男が立ち退きの件を相談したところ、なんと数千万円の立ち退き料を受け取れることになったそうです。（※9）

※8…賃貸併用住宅とは、同じ建物内に住居部分と賃貸部分がある住宅のことです。

※9…立ち退き料として受け取った多額の現金は融資交渉の大きな武器になりました。融資を受ける金融機関に現金を預金することで、融資を受けられる可能性が増えます。

もともとは、何も持たずに自宅を追い出されるはずでした。この話を聞いたときは、「知らないと損する話が世の中にはあるものだ」と私も驚きました。

そんな事情があり、このご家族は、元自宅から近くの場所（※10）に土地を購入し、賃貸併用住宅を建てることになりました。

友人が支店長を務める銀行からは「減額」の返事

融資については、お施主さんの奥様から、「私は某銀行の支店長と毎年旅行に行くほど親しいから、たぶん大丈夫」と言われていました。

実際、支店長以下担当者まで、必死に本部に掛け合ってくれたようです。

しかし、結論からいえば、希望融資額より1000万円少ない7000万円しか承認が下りませんでした。（※11）

私は「満額でなければ融資ではない」と思っています。減額分

※10…世田谷区内の人気駅から徒歩5分ほどの場所にタイミングよく格安の土地が出たので、すぐに購入を決めたそうです。

※11…私は希望より少ない金額を提示されたら、「遠まわしに断っている」と判断します。一度本部決裁が出たら、その後の交渉で金額が上がる可能性はほとんどありません。

の資金手当てができなければ、計画自体が成り立たなくなってしまうからです。

そこで、信託銀行のほか地元の金融機関にも持ち込んだところ、地元の金融機関から、満額を提示していただけました（信託銀行は7000万円の回答でした）

アパートローンと住宅ローンの抱き合わせという異例中の異例の対応で、満額融資が承認されました。

異例中の異例というのは、本来、銀行はこのような対応を余り好まないからです。

なぜなら、普通、銀行ではアパートローンを決裁する部署と住宅ローンを決裁する部署は異なり、決裁権限者も違います。（※12）稟議するにも、2人の決裁権限者あてに、1案件の決裁を同時に上げる等ということは、とても困難なのです。

しかし、今回のように銀行が、あるいは担当者や支店が貸出したいと思えば、その面倒をかってでも本部にかけ合ってくれることもあります。

※12…アパートローンは事業性貸出のため融資部、住宅ローンは通常のローン審査部となります。

この物件は、1階の3戸のロフト付アパートの賃料査定結果が、毎月36万円でした。（※13）30年の住宅ローンを組んだ場合、返済額は月に31万円ですから、リスクは低いといえます。

大切なのは、銀行に貸出したいと思ってもらえるように、明瞭端的に数字を示し、きちんと案件内容を説明できることです。私がした仕事といえば、ただそれだけ、それだけのことなのです。

支店長の権限で融資が決まることは少ない

この案件のポイントは、昨今の銀行の現状です。

かつては、銀行の支店長といえば、一国一城の主でした。主君（頭取）はいても領内の仕置きはすべて支店長の責任であり、その権限たるや絶大でした。

「たとえ本部がＯＫを出しても、俺は絶対にハンコ（融資承認印）は押さないぞ！」

というくらいに、絶対的に権限を有していたのがかつての支店

※13…この施主さんが、賃貸部分の間取りについて、家賃査定を依頼した客付け業者にアドバイスを受けていたこともプラス評価になりました。

長でした。

ところが最近の銀行は、従来のこの支店長権限を、ほとんど本部の審査部に移譲しているのが現状です。（※14）中には融資案件を取り次ぐだけの権限しかない支店長（支店）もいるほどです。

つまり、昔のように、長い取引歴があるから、支店長となじみだから、といって融資が通る可能性は、ほとんどないと考えたほうがいいでしょう。

支店長がどんなに頑張ってみても、決裁権限は本部にあって支店長の手中にはないのです。

逆に言えば、コネがないから融資が受けられないということもありません。すべては、数字が決めるのです。

※14…支店長の決済で貸出できる金額は、バブル崩壊以降、縮小する傾向にあります。

案件
File 3

【世田谷区N邸の案件】

借地権のハンディを乗り越え
思い出の庭の木を生かしたアパートを新築

敷地面積　173・96㎡
延べ床面積　285・46㎡
8世帯の木造アパート2棟
総事業額　2億2000万円
希望融資金額　1億9500万円
実行融資金額　1億9500万円
施主さんの職業　自営業

【この投資のポイント】

★このプランは、土地が借地権であることや、施主さんが自営業者であることなどから、一筋縄ではいかない要素が揃っていました。しかし、施主さんが地元で長く商売をされていた方だったため、信用金庫という地域密着型の金融機関を利用すれば協力してもらえるかもしれないと言う予感がありました。

庭の木を残してアパートを建てたい

世田谷区内の高級住宅街に住むお施主さんの事例です。

450㎡の借地権（※15）の上に建つ自宅が古くなったので、取り壊してアパートを建てたいという相談でした。

うかがってみると、はす向かいには有名な小学校があり、自宅の庭にはよく手入れされた大きな桜の木と松の木がある素晴らしい環境です。毎年4月の入学式には、満開の桜の枝が、交差点を覆うのだといいます。

お施主さんはハウスメーカーにも話を聞きにいったのですが、（※16）出された提案は、敷地の植林をすべて伐採した上で、底地を購入するために土地を分筆・売却、そして近隣の大学の学生向けのワンルームを建築するというものでした。

実は、2本の木は亡くなったご両親が残してくれたもので、お施主さんは「この形見とも言うべき2本の木を切りたくない」ということで、相談に見えたのです。

※15…借地権とは建物の所有を目的とする地上権・貸借権のことです。

※16…ハウスメーカーのプランは省力化のためにマニュアル化されているため、内容は画一的で、個々の土地の個性を生かすような個別の対応を求めるのは難しいといえます。

ただ解体して、整地して、建てるだけなら、誰にだってできます。技術的には何も悩むことも、必要もありません。おそらく学生向けのワンルームマンションなら、(※17)銀行融資も普通に通ることでしょう。

しかし、そこには、お施主様の思いも、設計士の挑戦も、アパートを建てる現場監督の情熱も存在しません。

なんら血の通わない、単なる建築案件・融資案件の一つでしかなくなってしまいます。

■ 桜の木の両側に8室のアパート2棟を建設

「この2本の木をなんとか残すことはできないだろうか…」(※18)ということが、この融資案件のポイントとなりました。

設計士と毎晩相談をし、現場監督に現地の立ち会い調査をしてもらい、2本の木を生かせる建築プランを模索しました。

当然、アパート経営をする以上、収支がまわる、利益の残るプ

※17…学生向けのような小さいワンルームがたくさん入るプランは利回りが高くなるため融資を受けやすくなります。しかし、少子化が進む昨今、長期にわたって狭くて個性のないワンルームを埋め続けることができるかどうかは不安の残るところです。

※18…工事の際に、地盤にクイを打ち込むため、木を残しても根が傷ついて枯れてしまうリスクがあると伝えたのですが、施主さんはそれでもいいから残すプランで建ててほしいという意向でした。

ランでなくてはなりません。でなければ、銀行融資も通らなくなってしまいます。

設計士は、設計プランの立場から、現場監督は、建築の立場から、私は銀行融資と事業収支の立場から、それぞれが意見を出し合い、答えを探し求めました。

そして遂に、建築基準法に消防法、さらには行政法規に地区計画まである制約条件の厳しい中、事業収支の点でも、建築の点からも、なんとか納得のいくプランができあがりました。

それは庭の中央にエントランスを入れて、その両脇に8部屋のアパートを2棟建てるのです。（※19）

間取りは大学が近いことから、当初は学生向けを考えましたが、「学生は夜騒ぐので、社会人に敬遠される」「学生は2月、3月のシーズンを逃すとあとは決まらない」という別の大家さんの話を聞き、社会人向けの部屋にすることに決めました。

※19

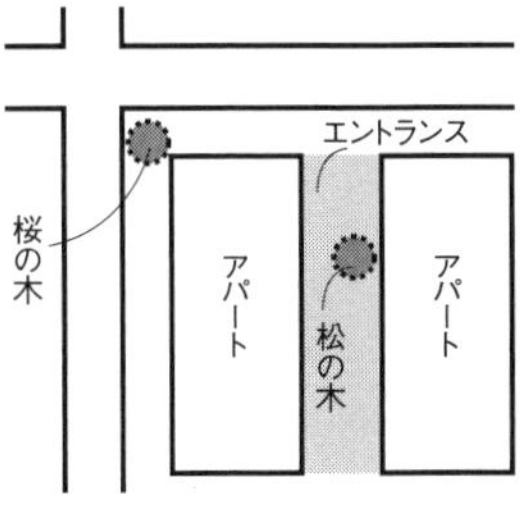

借地のハンディを事業計画でカバー

早速、銀行を回ることにしました。総事業費2億2000万円のうち、借入希望額は1億9500万円です。

ところが、土地が借地という理由から、「借地権は担保評価できません。（※20）事業性のローンは小ぶりの個人事業主には貸せません」という返事が返ってきました。

ただ、これはある意味、予想の範囲内です。

金融機関から見たら、借地権は担保としては不安です。

「底地を買ったら貸してくれますか？」と聞くと前向きな返事だったため、不動産業者さんに地主さんとの交渉を依頼し、底地の30％を購入しました。

ところが、その最中に担当者が変わり、風向きが変わってきました。

「借地権ってなんですか？」というところから始まり、まったく話が進みません。根気良く事業プランを説明するうち、「1億85

※20…借地権は一つの財産権として評価されるものではありますが、所有権とは異なり、土地に抵当権の設定ができないため、銀行によっては担保として、評価しないところもあります。また、評価する銀行でも、実際の借地権価格の50％程度が上限かと思われます。

００万円はいけると思います」という発言もあったのですが、（※21）結論はNG。「理由は言えない」ということでした。

次に、ある信用金庫にいくと、たまたま担当が融資課長でした。すでにこの課長には別の融資案件でお世話になっていたので、話はスムーズでした。

信用金庫は地域密着型なので、（※22）賃貸需要や土地の価値もよく理解しています。今回も、事業プランを重視してくださり、希望金額を借入れることができました。返済は月に90万円で査定家賃は１６０万円です。立地も抜群ですから、デフォルトのリスクは少ないと思います。

お施主さんは、とても喜んでくださいました。　融資のたびに、「融資の裏にはそれぞれの人生がある」と実感します。

私にとって、お施主様の笑顔を見ることが、何よりの喜びであり、融資アドバイザーとしての至福の瞬間でもあります。

※21…普通、銀行員は正式な決定前に金額を口に出すことはありません。この行員はまだ経験が浅かったようです。担当者によって結果が変わることはよくあります。

※22…信用金庫は一般の銀行に比較すると地元貢献を優先金融庁の縛りも比較的融通が利き、お客の立場に立って検討してもらえるというメリットがあります。

★どたん場でキャンセルした施主さんの気持ち

私のもとを訪れる相談主さんにも、いろいろなタイプの方がいらっしゃいます。

あるとき、地主さんから、「古い自宅を取り壊して、マンションを建てたい。MS銀行に行ったのですが、断られてしまったので力を貸してほしい」と言われ、途中から私が引き継いだ案件がありました。

所有する土地を担保にできるとはいえ、自己資金も預金も少なく、6階建ての建物プランのうち、上階の2フロアを家族の家にしたいという要望があったため、話を聞いたときから、「難しいかもしれない」と感じていました。

マンションはオーナーズルームを併設すると、利回りが落ちるのはもちろん、売却する際にも不利になると銀行が考えるため、その部分の評価がマイナスになるのです。

そこで、最初は2フロアだったオーナーズルームを1フロアにプラン変更し、全体の総事業費もできるだけ少なく抑えられるように計画を見直してもらいました。

その上で地元の信用金庫に相談にいったところ、1億8000万円の満額融資が確定。施主さんは、その資金でRCマンションを新築することになりました。

ところが、融資契約を結ぶ直前、施主さんから「やっぱりやめます」という連絡が入りました。やめた理由は「ローンが固定金利だと思っていたのに、変動金利だったから」ということでしたが、そんなことは何度も確認していたはずです。

真実はというと、億を超える借入額を前にして、物怖じしてしまったのだと思います。

デベロッパーなら、こういうケースでも強引に計画を進めようとします。

しかし、私はアパート投資において、やめると決断することもひとつの選択肢だと思っているので、引止めることはしませんでした。

大きな借金のリスクを背負うのは、お施主さん自身だからです。

ただ、これまでの信頼関係から、本契約の前にも関わらず親身に動いてくれていた業者さんには、本当に申し訳ないことをしました。

このあと、何度も図面を引き直してくれた設計士さんや、家賃査定や間取りの相談に乗ってくれた不動産業者さん、工事の準備をはじめていた工務店さんなど、多くの方に頭を下げてまわったのは言うまでもありません…。

BANK LOAN

第4章

銀行が貸したい人と絶対貸したくない人の違い

■ 絶対貸したくないのは「人まかせ」な人

この章では、ここまでのまとめも含めて、銀行が貸したい人と絶対貸したくない人との違いを元銀行員の視点より探っていきます。

銀行員から見て、

「こんな人には貸したくない」

というような人とは、どんな人なのでしょうか？


第一は、「人まかせ」な人です。


「銀行がお金を貸してくれるなら、アパートでも買ってみようと思って…」

「業者も儲かるって言ってるし、自己資金も少なくていいと聞いたので…」

「アパートメーカーの人に絶対大丈夫だからって言われて…」

最初の段階でそんなことを言う人は、私なら即刻お断りです。

そんな安易な動機で、アパート経営をやっていけるとは思えないからです。

それに、不動産投資を「人まかせ」にする人は、失敗したときに責任を他者に押し付ける傾向があります。

例えば、業者の中には、積算評価の出やすい地方のＲＣマンションなどを、銀行の融資つきで販売しているところがあります。すべてがパックになっていて、ある程度の自己資金と属性があれば、簡単にマンションオーナーになれてしまいます。

しかし、融資がつきやすい物件（売り出し額が積算評価を下回るような物件）というのは、そこまで値段を下げなければ売れない物件でもあるわけです。

つまり、入居率を上げるのが難しいとか、購入後に莫大な修繕費がかかるなど、何らかのマイナス要因が隠れていることがあるのです。

それをわかって購入していればいいのですが、中には業者の言葉を信じて、**よく調べもせずに購入したばかりに、数年後にお金がまわらなくなる人もいます。**

そういう人たちの中には、

「業者にだまされたから、自分たちは被害者だ」

「銀行が貸さなければ失敗しなかった」

というふうに、自分の勉強不足を棚に上げる人たちがいます。

しかし、それはちょっと違うと思うのです。

確かに、業者にも責任はないわけではないでしょう。

しかし、何千万円、ときには1億円以上のお金を借りるのに、「あの人が儲かると言ったから」なんて言い訳をする人の方が、ある意味、非常識ではないでしょうか？

そんなタイプの人に、銀行が「貸したい」と思うことはありません。

■ 今後のビジョンが見えない人

次に大切なのは、「ビジョンがあるかどうか」ということです。

「人生で、不動産投資をおこなうことは、どんなメリットがあるのか？」

「リスクを背負ってまで、不動産投資をしたいのは、なぜなのか？」

銀行に行く前に、それらの理由を明確にしておくことは、とても重要です。

「何が何でもアパート経営で豊かな人生を手に入れる」

という強い気持ちがあれば、銀行に出向く際にも、

「年金が期待できない時代だから、将来に向けた資産形成のために、がんばりたい」

「遅くに生まれた子供の将来のために、ぜひやりたい。私は目一杯がんばるので、銀行にも力を貸してほしい」

などというふうに、相手がうなずくビジョンを見せられるはずです。


「華麗なる一族」というテレビドラマの中で、こんな場面がありました。

木村拓也さんが演じた会社代表取締役専務の主人公が、銀行から融資を受けられるかどうかわからないのに、社員の前で、

「2年後、当社にも新しい高炉が建つ」

と宣言し、社員たちのやる気を盛り上げたのです。

それを見た別の役員たちは、「まだ銀行の融資承認の返事も聞いていないのに」と非難したのですが、それを受けて、主人公はこう答えました。


「やるか、やらないかを決めるのは我々であって、銀行じゃない」

私はこの言葉に、シビレました。

銀行は自分のビジョンのために、利用するものです。

銀行の判断に、自分の人生の行方を左右される、というような受身の姿勢でいては、人生を切り開いていくことはできません。

利回りのことばかり言う人

私が銀行員時代に注意した人たちの中に、「利回りのことばかりアピールする人」がいました。

どんなに利回りが高くても、実際に家賃が入らなければそんなものは机上の空論です。


利回りあっての事業ではなく、事業あっての利回りですから、銀行員としては、

「これだけの利回りがあるから安心」

という人の話は、話半分で聞いていました。


利回りが低くても、しっかりとした計画なら融資はおります。

たとえば、資産価値の高い土地に、新築のガッチリしたアパートやマンションを建てた

ら、利回りは下がります。

しかし、キャッシュフローの余裕は少なくても、人気の立地なら土地の価格は下がらないでしょうし、高い入居率も望めます。

そのため、利回りが低く、貸出額も大きくても、全体で見れば、銀行が「安全な貸出」と判断するケースも少なくないのです。


反対に、どんなに利回りが高くて、借入額が小さいとしても、ただ同然の土地の上に建っている場合、何かトラブルがあって入居率が下がった場合、出口がありません。

短期間に現金を稼いで、どんどん繰り上げ返済するという方法もありますが、かなりのリスクと、根性と体力がいるのは確実です。

銀行は、「あなたにそれができますか?」と疑いの目でかかってきます。

もし、これまでのアパート経営の実績があれば、それを提示して銀行を納得させるというのもひとつの方法ではあります。

しかし、はじめての投資では、厳しい答えが出てくることを覚悟したほうがいいかもしれません。

■ 裏技ばかり追いかけて真っ当な努力をしない人

ときどき見かけるのが、

「この人はこんなやり方で、低金利で融資を引き出したらしいんです」

「こういう物件を買えば、あの銀行でフルローンが付くらしいんです」


といったように、融資に関するたくさんのノウハウを知っている方です。

しかし、**プロから見ると、それらの方法はたいてい、眉唾です。**

銀行員の前で中途半端な融資の知識を振りかざせば、マイナスの印象を持たれることにもなりかねません。


確かに、買えない物件を欲しがっても意味がありませんから、「融資が出る物件」について研究するのは悪いことではありません。

しかし、融資が出る物件と、成功する物件はまったく別物です。

一部の天才たちは裏技的な方法でもうまくいくのかもしれませんが、普通の人に果たして同じことができるかどうかは、甚だ疑問です。

これまで私が見てきた不動産投資の成功者は、お金を貯める、物件を多く見る、不動産業者さんとのパイプを作る、しっかりとした事業計画書を準備するなど、真っ当な努力を積み重ねてきた人たちです。

トリッキーな技は瞬間的にうまくいっても、長くは続かないと思います。コツコツと努力を積み重ねることを避けようとする人は、融資の対象としても不安がられます。

不動産投資を夢見がちで考えている人

自分の持っているものの価値と、自分の買える不動産の価値は比例します。

自己資金がないのに、いきなり数億円の借り入れをしたいと願うのは、無謀です。

数億円の借り入れができるのは、それまでコツコツとお金を貯めて、銀行から信頼されるような実績を作り上げてきた人だけです。

それなのに、その人たちの苦労を知ろうともせず、いい面だけを見てうらやましがるのは、あまりにも子供じみているといえるでしょう。

不動産投資は、婚活と似ています。

ごくごく普通の女性が、

「一流大学を出ていて、年収が1000万円以上で、身長が175センチ以上で、イケメンで、家事を手伝ってくれる男性じゃないと結婚しない」

と言っていたら、どうでしょう?

「そんな男と結婚できるのは、美人でおしとやかで家事も完璧にこなせる女優かキャビンアテンダントくらいだよ」

と突っ込みたくなるのではないでしょうか?

そして、その普通の女性は、夢のような理想の男性を探し続けている限り、一生独身でしょう。

融資も同じです。

何度も銀行にチラシを持ち込んで、そのたびに、

「自己資金が3割以上必要です」

と言われているのに、

「頭金ゼロでも買える物件がどこかにあるはず」

「私の構想を理解して力になってくれる銀行員に出会えばわかってくれるはず」

と**現実を見ようとせず、自分に都合のいい理想ばかりを願っているようでは、一生物件を買えないままで終わってしまいます。**

銀行は、「リアル感のある投資構想」をする人を応援します。

奇跡を追い続けるより、買える物件を買い、その物件を大事に育てていける人が、早く理想の未来に近づけるでしょう。

自分のことしか考えていない人

不動産投資をおこなう上で、家族は大きな味方になってくれます。

結婚している人なら、奥さんや旦那さんに連帯保証人になってもらうことで、融資を受けやすくなります。

家族の誰かに、管理や経理を手伝ってもらったりすることもあるでしょう。

そうやって力を貸してくれたお礼として、安定的な収入と将来の資産を家庭にもたらすことで、家族の絆が強まっていけば、これ以上素晴らしいことはありません。


ときどき、家族の大反対を押し切って、不動産投資をしたいという人がいますが、私はそのような場合、素直に応援することができません。

自分のへソクリで買うならまだしも、家族に隠れて銀行から数千万円の借金をすることは、賛成できないのです。

そもそも、アパート経営は「管理会社」や「入居者」、「リフォーム会社」など、たくさんの方とのお付き合いが関係してくる仕事です。

一番身近な存在である「家族」とうまくやれないようでは、アパートの経営手腕にも不安が残るというのが正直なところです。


不動産投資をやらなくても、失うものはありません。

不動産投資をしないことで、手に入るはずの家賃収入や将来の資産が得られない、ということはあるかもしれませんが、あくまでも仮定の話です。

何のための不動産投資なのか。

今一度、ご自分の胸に聞いてみて欲しいと思います。

そして、家族が反対するなら、立ち止まってみることも必要でしょう。

お金のために、もっと大切なものを失ってしまっては、元も子もないからです。

自分だけでなく、一人でも多くの人を幸せにする不動産投資であってほしいと思います。

★日本政策金融公庫（旧国金）を活用する

融資と聞いて真っ先に思い浮かぶのは銀行や信用金庫でしょう。
しかし、銀行の中には一部の資産家や地主しか相手にしないところも多く、信用金庫は既存の取引が必要だったり、地域が限定されたりする不便さがあります。
そこで注目したいのが、日本政策金融公庫です。

政策投資銀行のメリットとしては、
・アパート経営者を事業者としてみてくれ、独立創業資金を借りやすい
・信用金庫などと違い、全国の不動産を担保としてみてくれる
・比較的低金利・固定金利で借りられる
・銀行からの既存の借入額にあまり左右されない
・銀行ほど耐用年数を気にしない
ということがあります。

一方、デメリットとしては、
・借入れを最長でも15年（普通は10年）

・原則として半分程度は現金を入れることを求められる
などがあるでしょう。

借入期間が短期なので、現金を多く入れるか、かなりの高利回り物件でないと、キャッシュフローは出ません。

しかし、自分の住んでいる場所や物件の場所に関係なく検討してくれるで、地方の超高利回り物件を買えそうなときなどに、利用するのはひとつの方法といえるでしょう。

このときのコツとして、「投資」という言葉を使ってはいけない、ということがよく言われています。

日本政策金融公庫から見れば、貸出の対象はあくまでも「事業家」であり、「投資家」ではないからです。

また、日本政策金融公庫は「リフォームローン」が比較的出やすいともいわれています。

他の金融機関と違い、リフォーム資金が借入人の口座に振り込まれるのも魅力です（他の金融機関は必ず資金使途の確認のため、送金手続きをチェック（資金実行・即送金）します）

築古のボロ物件を貸家にする場合などは、相談してみるといいでしょう。

第２部

実践！ アパマン融資 成功への４ステップ

ステップ 1	銀行の窓口に行く前に準備すること
ステップ 2	融資が通る「事業計画書」の書き方
ステップ 3	銀行のチェックポイント対策
ステップ 4	「属性」を跳ね返す秘訣

BANK LOAN

ステップ 1

銀行の窓口に行く前に準備すること

手ぶらで行っても相談できない

さて、ここからはいよいよ、銀行窓口にアパートローンの相談に行く際の事前準備と、持参する書類についてお話したいと思います。

欲しい物件が見つかり、現地を確認したら、銀行を訪問して融資の可能性を探ることになります。

相談窓口に出かける際、何も持たずに、

「アパート投資をしたいんですが、私はいくらまで借りられますか?」

といきなり尋ねても、答えは得られません。

物件の条件によっても、借りられる額は違ってくるからです。

アパートローンは住宅ローンなどと異なり、銀行にとっては事業性資金の貸出になります。したがって、その審査はプロパー資金（事業性資金）同様、細かくチェックされます。

当然、手ぶらで行っても、相手は本気で対応してくれません。

何千万、何億円という金額の話をするわけですから、下準備はしっかりとしておく必要があります。

例えば、土地を取得して、そこにアパートを建てる案件を銀行に相談に行くことにします。

その際、どんな資料を持参するのがいいのでしょうか。

まず、用意しておかなければならないものは、土地に関する以下の資料です。

【土地に関する資料】

1、物件概要書（売地のチラシ）
2、不動産登記簿謄本
3、地籍測量図
4、公図
5、事業計画書（できれば）

最初の訪問では、もしかすると2～5までは求められないかもしれません。

ただ、向こうから「こちらの資料はありますか？」と尋ねられたときにちゃんと用意されていると、窓口担当者の心証はよくなります。

訪問する際は電話で「アパートを買いたいのですが」と予約を入れてもいいですが、特にアポイントがなくてもかまいません。

ただし、予約なしで行く場合は、5日、10日、20日、25日、月末と、月曜日の朝と金曜日の夕方は、避けたほうが無難です。

火曜日、水曜日、木曜日の10時くらいが、一番ゆっくり対応してもらえるはずです。

土曜・日曜にローンセンターを開けているところもありますが、ローンセンターは基本的にマイホームの相談を受けるところですので、有意義な話はできないでしょう。

■銀行は資料のどこを見ているか

ところで、これらの資料を見て、銀行は何を判断するのでしょうか？

そのひとつが、仲介する不動産業者です。

銀行員は、売買完了までにお客様だけでなく、業者とも色々とやり取りしないといけないからです。場合によっては、取引先の不動産業者に、風聞などを聞いたりもします。不動産業者の評判が悪ければ、審査は慎重におこなうことになります。

2の不動産登記簿謄本ですが、銀行が確認するのは次の内容です。

・物件概要（登記上：所在地、面積、地目は時価評価に影響します。もし、地目が農地だったりしたら、話が違ってきてしまいます）
・現在の所有者と権利関係
・抵当権の設定関係

とりわけ気にするのは抵当権の設定関係です。

税金滞納や差押えの登記の有無はもちろん、売買時に、抵当関係がすべてきれいになり、自行の抵当権が第1順位で設定できるのかどうか？　ということです。

売買当日は、抵当権の設定契約書・解除証書も用意する必要があるので、当然、こちらの稟議決裁がおりた後は、当該銀行に確認することになります。

他行の抵当権が外れず、一番抵当がつけられない場合は、融資は難しくなります。

3の地籍測量図、4の公図から確認するのは、次の内容です。

・実際の地形の確認

・接道部分の確認

公道に接しているか否かは、実際には役所の道路課や都市計画課などに確認します。意外と持ち込まれることがあるのですが、公道に接していない土地（いわゆる再建築不可物件）は、銀行では評価ゼロのようなものです。ノンバンクでは担保次第で貸すところもありますが、銀行ではまず検討する前に却下です。

以上が、持参すべき土地に関する資料になります。

■ 中古のアパートを購入する場合は

中古のアパートを購入する場合に必要になる資料は、次のようなものです。

1、物件概要書（いわゆるマイソクでも可）

2、レントロールなどの家賃と入居状況がわかる資料

3、不動産登記簿謄本

4、建物図面
5、地籍測量図
6、公図
7、事業計画書（できれば）

1～6までは、仲介業者にいえば用意してもらえます。

すべてが揃わなくてもいいですが、少なくともチラシと家賃・入居状況がわかる資料は持参する方がいいでしょう。

特に、レントロール（家賃や入居状況がわかるもの）は重要です。

現状の入居率が１００％なのか50％なのかによって、銀行の評価は大きく変わります。

もちろん、入居率が高い方が、評価は高くなります。

ただし、業者の中には、売りやすくするように、礼金・敷金をゼロにしたり、3カ月のフリーレントをつけたり、入居審査を甘くしたりして、無理やり空室を埋めてから売りに出すようなところもあります。

レントロールがあれば、各室の入居日がわかるので、同時期に一気に埋まっているなら、業者が力づくで埋めたのかもしれないという想像ができます（業者に聞いても、「偶然、その時期に申し込みが入りました」としか答えないでしょうが…）

そのような物件を買うと、購入後に一気に空室が増えたり、質の悪い入居者に悩まされたりして苦労するかもしれません。銀行がそれに気付くとも限りませんので、レントロールは銀行に提出する以前に、しっかりと自分の目でチェックしておきましょう。

収入や資産背景を確認できる資料を用意する

土地を買う場合にも、建物を買う場合にも必要になるものとして、「収入を確認できる資料」があります。

3年分あるのが理想的ですが、なければあるものだけでもかまいません。

「収入を確認できる資料」
・会社員＝源泉徴収表3年分（あれば確定申告書も）
・個人事業主＝確定申告書3年分

・会社役員　会社の決算書3年分と、自分の源泉徴収表3年分

「資産がわかる資料」もあとで必要になるので、どうせなら早めに用意しておきましょう。

「資産がわかる資料」

・不動産を持っている場合は謄本のコピー

・マイホームや収益物件の借入れがある場合は、返済予定表

・収益物件を持っている場合は、レントロールなどの経営状態がわかるもの

また、もしも銀行から、

「この書類はありますか？」

と言われてまだ用意ができていなかった場合は、すぐに用意して提出しましょう。

資料をすばやく揃えられない人は、マジメな銀行員から見ると、「だらしない人」というり、融資にマイナスになります。

現地を見ていないのは問題外

ここまで必要な資料について述べましたが、資料が揃っていれば十分という訳ではありません。

一番大切なことは、

「実際に現地に行って、現物を自分の目で確認しているかどうか？」

ということです。

不動産業者に車で連れられて行き、チラシを手渡されて、数分現地を見ただけでは、「確認した」うちに入りません。


「もう、現地に行ってご覧になられました？　現況はどうでした？」

「そのあと、ご自分でも何度か行かれましたか？」

「駅からは、実際歩いてどのくらいでした？」

「交通機関のアクセスなどは、確認されましたか？」

「途中、スーパーや商店街や周囲はどんな感じでした？」

「生活するには利便性はどうですか？」

「近くに賃貸物件（競合先）は、ありましたか？」

銀行員はそんな質問をして、お客様が何回、その土地に足を運んだのかを探ります。

不動産はスーパーで、りんごやみかんを買うのと違い、失敗の許されない大きな大きな買い物です。

銀行もまた大きな貸出をする訳です。

お客様の本気度が足りないと思えば、銀行員も本気にはなりません。

また、不動産業者やハウスメーカー、ディベロッパーなどにあおられて、与えられた資料をそのままに、何の分析も、計画も、考えもなく、ただ借入れの相談に行くことも、避けてください。

何千万円という大きな借金をするのに、他人まかせで、自分の頭を使おうとしない人が、その後のアパート経営を無事に運営できるとは思えません。

欲しい物件があるなら、何度でも現地に足を運び、周囲の環境をよく見ておきましょう。

そして、自分の賃貸物件がそこにできるイメージを持ちながら、駅から歩いて、周りを歩いて考えていただきたいのです。
実際自分がそのアパートを借りる立場になってです。

他にも、
その土地の価格が本当にチラシの価格で妥当なのか路線価図で調べる。
その地域の過去の売買事例を調べる。
写真を撮る。
住宅地図をコピーする。
近隣の不動産屋にある他の賃貸物件のチラシを見て賃料を確認する。
など、手間を惜しまずにやってみてください。

さらに言えば、
・売買予定日はいつになるのか?
・売買はどこでするのか?（大概は、売主か買主の取引銀行でしたから、応援の準備や、支払い方法によっては大口現金の用意も必要でした）
・登記持込みの司法書士は、どうするのか?

・所要資金総額（いざ売買というときに、実行資金から保証料や手数料、印紙代、登記費用等々を支払ったら、実際の売買代金が不足するなんてことがないように確認します）

といったことも、事前に確認しておくといいでしょう。

すると、銀行員の質問に堂々と答えられるようになります。

その対応を見て、銀行員も、「この人は本気でアパート投資で成功したいと考えているようだ」と本腰を入れるのです。

銀行には隠し事をしないこと

銀行とつき合っていく中で、心がけて欲しいことがあります。

それは「嘘をつかない」ということです。

これはなにも相談者に限ったことではなく、不動産投資をする際に係るコンサル担当者、不動産業者や建設会社も同様に、銀行には嘘はつかないで頂きたいのです。

とりわけ銀行は、この信義則違反を一番嫌い、一度でもそのような対応をされると、も

う二度と話を聞いてくれなくなります。

たとえば、融資を引っ張りたいがために収入所得や勤務先を偽ったり、金額を改ざんした源泉徴収票の写しを出したり、ありもしない自己資金をあるように見せかけた通帳のコピーを出したりなんてことは、絶対にしてはいけません。

銀行との約束を安易に考えて嘘を言ったばかりに、借入を全額返済させられ、口座も解約、銀行から取引そのものを断たれたというケースを、聞いたこともあります。

何千万円もの借りたお金を、「今すぐ返せ」と言われたら、自己破産することにもなりかねません。

銀行は金融のプロであり、常にプロとして案件を分析・指導することは当然のことです。分析が甘かったり、指導が十分でなかったり、貸したお金が焦げ付いたりするのは、誰のせいでもない銀行自身の責任です。

むしろ経験の乏しい相談者を、シッカリとサポートすることこそが、金融のプロとしての責務であり社会的責任だと思います。

しかし、これらはすべてお客様との〝信頼関係〟と〝信義則〟の上に成り立っているものです。

銀行全体で何件もある不動産融資の中で、たった一つのウソが発覚し、そのことが原因でデフォルトが出た瞬間、銀行本部はたちまち厳しいルールを作ります。

そうなれば、**すぐに全店に公布され、結果として支店でも思うようにみなさんにお金が貸せなくなるのです。**

そうなると、本当にいい案件、良質な案件までもが十分な資金調達ができなくなり、結果的にそのつけが、お客様自身に返ってきてしまうのです。

いくつかの銀行を同時にまわっているなら、それも正直に伝えたほうがいいでしょう。

銀行員には月ごとの目標数値があり、通りそうな案件についてはその金額が成績になることを見込んで作業を進めています。

苦労して稟議を通した末に、「やっぱり他で借ります」と言われれば、もうその相手とは2度と取引をしないと考えるのが普通です。

「絶対に欲しい物件なので、念のため他の銀行さんにもお願いしています」と一言伝えておくだけで、相手に与える心証は違います。

★相談入口段階での金利の値引き交渉はNG

時々いるのが、まだ融資が承認されるかどうかも決まっていないのに、金利の値引き交渉をしてくる人です。

はっきり言って、最初から金利のことを細かく言う人は、銀行から嫌われます。

なぜなら、**金利は銀行にとって命だからです。**

他の銀行の金利を引き合いに出して、

「A銀行ではこの金利で出してくれるそうですが、お宅はどのくらいまで下げてもらえますか?」

などと横柄な態度で言えば、銀行員に、

「じゃあ、A銀行で借りてください」

と思われるだけです。

その銀行にかなりの預金のあるお得意様でない限り、**そんな陳腐な駆け引きが、有利に働くことはありません。**

COLUMN

私は銀行に行って融資の相談をするとき、金利だけでなく、融資期間、金額についても、自分の方からは切り出さないようにしています。

事業計画などについて説明する中で、銀行員の方から、

「ところで、融資期間についてはどのくらいでお考えですか？」

と聞いてきます。

そのときに初めて、

「そうですね。少しでも長い方がありがたいです」

という具合に希望を伝えるというのが通常です。

銀行員は、「この人なら信用できる」というような誠実な人にお金を貸したいと思っています。

反対に、やたらと細かい条件を付ける人や態度の横柄な人は、あとからトラブルが発生する可能性があるとの不安から、敬遠されることもあります。

人柄も、大切な要素です。そのことを、肝に銘じておきましょう。

ステップ2

融資が通る「事業計画書」の書き方

事業計画書は言葉ではなく数字で作る

銀行に相談に行くとき、「事業計画書」はできれば準備したほうがいいでしょう。中には自分で事業計画書を用意しなくても、問題なく融資まで進むケースもあります。

しかし、忙しい銀行員に自分の案件に注目してもらうには、数字で「事業の安全性」をアピールするのが有効になるのは間違いありません。

銀行では、「辻褄《つじつま》」が、とても重要になります。

その入口が、事業計画書になります。

「事業計画書」を作るときは、できるだけ簡略に、ポイントをまとめたものを作成するようにしましょう。

よく融資の窓口で、1時間も2時間も、だらだらとしゃべる人がいるのですが、これは、相談を受ける窓口担当者にとっては、とても苦痛です。

それでなくてもリストラにつぐリストラで、人員が不足している支店現場で、貴重な時間を必要以上に割かれるのは、大きなダメージなのです。

長々と説明しても逆効果です。それよりも、ポイントを明確に書面に落とし、一目瞭然で事業概要がわかる書類を作ることが大切です。

事業計画書のトップにくる「事業概要」については、Ａ４用紙１枚で十分です。

私が現役のころ、まだ、本部への稟議書が手書きでした。

当時、尊敬する上司にこんなことを言われました。

「稟議書は、表表紙に添付する説明書きはＡ４用紙３枚が限度。その中で、いかにポイントを整理し、審査担当者が納得できる書類を作成できるかが大切だ」

審査担当者は、あちこちの支店から上がってくるたくさんの稟議書を、１日に何件も審査して、決裁しなければならないのです。

はっきり言って、小説のような稟議書をのんびり読んでいる暇はありません。

それに、**融資案件は、その大きさや重要性、責任の重大さに比べて、実はポイントはシンプルです。**

重要なのは、現場を実際に見ることができない審査役に、いかに短時間で理解しやすく説明し、イメージを持ってもらえるかということです。

事業概要を書くポイントは、次のとおりです。

・・・

事業所在地と総事業費

（1）まずは対象物件の明細です。どこの住所でどのくらいの広さの土地に、何世帯のアパートを建てるのか。

（2）次に、いつ土地を取得し、建物の工事着工予定はいつなのか。

（3）建築費用は、概算いくらになるのか。

（4）設計料はいくらか。

（5）その他諸経費はいくらか。

所用資金と調達方法

（1）上述より、総事業費がトータルいくらになるのか。

（2）、いくらを借入で賄い、自己資金をいくらあてるのか。

・・・

これらをわかりやすい一覧表に表し、これを見て事業内容の大体がつかめれば合格です。それができれば、審査するほうも違和感なく、スムーズに次のステップ（内容分析）に入れるでしょう。

当然のことですが、**「総事業費＝借入金額＋自己資金」の方程式が成立していないといけません。**

ましてや単純な計算ミスなどは、もってのほかです。

すべては、まず「辻褄」が合うか合わないかで審査役の案件に対する心証が決まります。しつこいようですが、入口から辻褄の合わない事業計画書などは、融資判断に至る前に予選失格であることを、くれぐれも心に留めておいてください。

そして、この事業計画書を頭紙に、土地の概要書や賃料の査定書、事業収支計画書、設計図、などが付随していきます。これらが、たて板に水が流れる如く関連づけられていれば、融資審査もスムーズに結論まで至ることになります。

「貸したお金が、ちゃんと返ってくるかどうか？」

そこをきっちり伝えることが大切です。

事業計画書の例

※この書類は
http://fujimaki.cc/index.html（オフィス藤巻）
よりダウンロードできます。

事業計画概要

施主名:●●●　●●●● 様

1.土地の概要

住所（住居表示）	東京都世田谷区●●●　○丁目△番◇号		
所在地（地番表示）	東京都世田谷区●●●　○丁目×番××、◇番◇◇		
敷地面積	157.26 ㎡　（47.57 坪）		
用途区域	第一種住居専用地域		
建蔽率	60 %	容積率	300 %
道路状況			
土地取得予定日	平成22年　●●月予定		

2.建物の概要

主構造	木造　造　（準耐火建築物）		
階数	2 階建　延床面積　166.44㎡		
ルームタイプ	住居:0　賃貸:6	専有面積	
着工予定日	平成22年●月下旬	竣工予定日	平成22年●●月下旬

3.所要資金（概算）

（単位:円）

建築工事費	本体工事（概算）	41,428,571	
	消費税	2,071,429	
	小計	43,500,000	
設計料（概算・別途設計契約あり。）		1,631,000	
解体、給排水、外構等工事費		3,000,000	
合計		48,131,000	
土地購入および諸経費等	土地購入費	52,000,000	……売買価格
	仲介手数料	1,701,000	……52,000千円×3%+60千円+消費税
	地主承諾料（借地）	0	……所有権取得
	印紙税（土地売買）	45,000	……軽減後の税額
	不動産取得税（土地概算）	928,000	……推定標準価額から概算で計上
	登録免許税（土地概算）	390,000	……52,000千円×75%×10/1000
	登記費用（司法書士報酬）	50,000	……登録手続きの報酬（報酬額+交通費の概算）
建物諸経費	印紙税（工事請負契約）	45,000	……軽減後の税額
	不動産取得税（建物概算）	978,000	……推定標準価額から概算で計上
	登録免許税（建物概算）	131,000	……推定標準価額から概算で計上
	登記費用（司法書士報酬）	50,000	……登録手続きの報酬（報酬額+交通費の概算）
銀行手続に関する諸経費	印紙税（金銭消費貸借）	60,000	……金銭消費貸借契約書　5億円以下
	登録免許税（抵当権設定）	480,000	……債権額×0.4%
	登記費用（司法書士報酬）	50,000	……概算
	融資事務取扱手数料	250,000	……概算。各行によりばらつきがあり、概算での計上。
	銀行保証料（概算）	1,725,400	……保証会社の保証付きの場合を想定。
	保証会社宛事務手数料	30,000	……概算。各行によりばらつきがあり、概算での計上。
	金利負担（工事期間中）	1,516,000	……52,000千円×3.5%×8/12
	金利負担（工事期間中）	634,000	……14,500千円×3分割実行
	火災保険（概算）	1,820,000	……期間一括で計上（概算）
その他	その他諸経費	1,000,000	……予備費
	合計	63,883,400	
総合計		112,014,400	

4.資金調達

（単位:円）

自己資金	12,014,400
銀行借入	100,000,000
その他	
合計	112,014,400

借入明細	金額	100,000,000
	期間	25年
	据置	10か月

ハウスメーカーの「提案書」は事業書ではない

もうひとつ、銀行窓口に持参される事業計画書について大切なことをお伝えします。

それは、くれぐれも、ハウスメーカーや業者等から提案書として提示をされた事業計画書を、鵜呑みにしないということです。

間違っても、内容をよく確認もせずに、そのまま銀行窓口担当者に提示することのないよう心がけてください。


なぜなら、**ハウスメーカーや不動産業者がお客様に提示する事業計画書は、現実的な予測を表したものではなく、**お客様にアパート経営を決心してもらうために作成された「プレゼン資料」だからです。

そこに並べられた数字は、

「こんなに儲かるのなら、やってみようかしら」

「入居率は100%だし、毎月の収入はプラス。ローンが完済すれば、老後の年金補完になるな」

などと、みなさんの投資意欲を刺激することを目的として〝作られた〟ものです。

その資料を融資審査の立場から吟味すると、多くの場合、収支分析が曖昧だったり、実際の費用コスト・ランニングコストの計上が甘かったりと、玉虫色の計画書であることがほとんどです。

業者の作った「プレゼン資料」を見て、銀行員が、

「なるほど。これなら安心ですね」

と、納得することはありません。

反対に、「この数字を信じて融資を依頼してくるなんて、読みの甘い人だ」と勘ぐられることになります。

事業計画書を作るときの3つのポイント

事業計画書を作る際には、どこに視点を置くべきでしょうか？

主なポイントは次の3点です。

1、家賃設定は適正か？

・近隣相場から見て、妥当な家賃設定かどうか？
・物件の概要（面積・設備・駅からの距離など）からみて、十分入居を見込める家賃設定か否か？

2、入居率は、妥当な設定か？

・近隣の賃貸物件と比較して妥当な入居率かどうか？
・今後も（たとえば10年後も）事業開始時と同程度の入居率を維持していけるのか？

3、敷金・礼金・更新料は、妥当か否か？

・敷金・礼金が、実態に即しているだろうか？
・更新料は、現実に即しているだろうか？

アパート経営という大きな不動産投資をする訳ですから、現実性をしっかり推測・考慮して、よくよく計画は吟味してください。

ましてや、**この事業計画書で、もっとも重要なポイントとなる収入の部分については、銀行の担当者が稟議を作成する際に、導入部分の基礎の基礎となるもっとも重要な部分です。**

この部分に、現実的な妥当性と確実性がないと、案件そのものを組成できなくなってしまいます。しっかり準備してのぞみたいものです。

ちなみに、**私が窓口で相談を受けた時は、近隣相場と比較して、ある程度は減価して家賃収入を試算し直していました。**

つまり近隣に、よく似た築年数・床面積の物件があれば、その類似物件の家賃設定を考慮して、収支計画表を作成するのです。

ここでリスクが高いと思われれば、アウトです。

そのような物件を持ち込まないためには、事前にインターネットで近隣物件の家賃相場を確認したり、物件近隣の不動産業者の店頭にある情報を収集したりして、客観的な情報から、家賃設定の妥当性を確認しておきましょう。

稟議書類にも、それらの資料を添付すれば、家賃設定の現実性・実現可能性の根拠としてみてもらうことができます。

補足になりますが、私の知人の専業大家さんで、10棟以上のアパートを都内に所有していらっしゃる方がいます。

とても勉強熱心な方で、間取りはいわゆるワンルームではなく、ロフトを広くとって、2人で入居できるタイプに統一しています。

その方は、自分の所有する物件の住所、間取り、広さ、賃料、入居状況を毎月、一覧表にしてまとめています。

どうしてそんな面倒なことをするかというと、その表で、所有するアパートの「相場より高い賃料」と「高水準で推移している入居率」を明確にして、銀行にアピールするためです。

実際、銀行の担当者にその表を見せたところ、担当者はその大家さんの経営能力を高く評価して、

「これなら安心して貸し出せます」

と言ってくれたそうです。

すでにアパート経営の実績のある方は、この方法を試してみるといいと思います。

入居率については、もちろん100％を目標としますが、融資判断では概ね70～80％の入居率で試算するのが一般的です。

近隣の物件が、それ以上に空室率が大きければ、70％よりもさらに厳しく試算すべきです。

さらには、入居率が何％を切ると、手持ち資金の持ち出しが発生するか（資金ショート）、その分岐点についても確認が必要です。

私が現役時代、持ち込まれる事業計画書のほとんどが、入居率100％で試算してあり、資金ショートのことなど考えていないような内容でした。

家賃収入については、**何の根拠もなく2年ごとに収入アップする事業計画書があったり敷金・礼金についても、なかには、2年ごとに毎回賃借人が全員入退去するような事業計画書もあり、その申込者の行く末を案じました。**

更には収支の不足分を更新料で賄うような事業計画も…。

当然このような案件は稟議にあげるまでもなく差し戻しになります。

アパートローンの返済原資は、あくまでも家賃収入であり、その家賃収入がいくらを切ると資金持ち出しとなるかは、極めて重要な数値だということを忘れないでください。

基本的に、銀行の融資審査は最悪のケースを想定しながら判断します。

みなさんも同様に、常に厳しめの見方を念頭に、分析・判断をしてください。

事業計画書の支出部分のポイント

ここからは、事業計画書の「支出の部分」についてお話したいと思います。

前回、収入の部分は事業計画の中でも重要な部分であることをお話いたしましたが、支出の部分も、同様に重要な部分です。

せっかく収入の部分をしっかりと分析、計画しても、実際の費用コスト・ランニングコストの分析・予想が甘かったり、必要不可欠な経費を失念したりすると、苦労して作成した事業計画そのものの信憑性・実現可能性を、疑われてしまうことになります。

計上する金額もそうですが、それよりも、**毎月あるいは毎年、さらには何年か先に、当然発生する必要経費を、お客様がしっかり認識しているかどうか、そのことが重要であることを忘れないでください。**


では、どのような項目を検討・予想計上すべきなのでか。

…………………………………………………

1、管理委託手数料

これは、賃貸物件を不動産業者等に管理委託した際に発生する毎月の経費です。

一般的には、家賃総額の5%程度が、手数料として業者に払われていることが多いようですが、委託内容により様々です。

例えば、家賃回収も含め、管理のすべてを委託することもあれば、なかには契約のみを委託し家賃回収等は、大家さん自らが管理する場合もあります。

銀行は、この管理費が計上されていれば、業者委託があるものと判断します。

委託報酬の金額（%）については、著しく実勢と乖離していることがなければ問題ないでしょう。

事業内容の説明のなかで、業者に管理は任せると説明しているのに、報酬が計上されていないということがないように注意すれば、それで十分です。

2、修繕維持費

これは、建物のメンテナンスに必要となる経費です。

一般的には、賃料の5％程度を毎期計上するのが良いでしょう。

ただし、経年劣化のことを考えれば、将来アップしていくことはあっても、減少していく計画は、実態に則しているとは言えないでしょう。

3、火災保険料

費目の通り、建物に掛ける火災保険です。

建物の建築構造や用途、さらには地域により、多少料率は変わります。

銀行融資を受ける際、火災保険の付保は融資条件に含まれることが通常です。

近年は、ほとんどの銀行が、ローンに付帯して保険を窓口にて取り扱いしています。

いずれ付保するにしろ、保険料については、事前にチェックしておいてください。

設計図書ができれば、保険金額は算出可能です。

また、火災保険料を年払いではなく、一括払いとするなら、当然、当初の事業計画の諸経費で、保険料については計上しなければならないでしょう。

4、固定資産税・都市計画税

自宅や土地を保有されている方なら、ご存知と思いますが、この税金も毎期必要となるものです。

基本的に、固定資産税の料率は1・4％、都市計画税については0・3％になりますが、課税標準価格については、概ね70％程度の評価掛率があるものと思われます。管轄する税務署等、税理士、ＦＰなどに相談してみるのもいいでしょう。

5、減価償却費

これは、建物等償却資産の時価が、毎期減少していく分を、経費としてみている訳ですが、実際に現金が支出される訳ではありません。

難しい言葉で言えば、内部留保となる部分に該当します。

また、耐用年数は、構造、各付属設備によっても異なります。市販の書籍などを参考に計上されることをお勧めします。

6、支払利息

言うまでもなく、銀行に支払う年間利息合計です。

返済元金とは異なりますので注意してください。

元利均等方式では、単純に算出は困難ですが、エクセルの関数や各銀行のホームページのローンシミュレーションで、簡単に算出できます。

一度自分で算出してみるといいでしょう。


……………………………………………………………


以上の項目が計上されていれば、計画表としては、合格点です。

ただ、この事業収支計画表を実際に作るとなると、かなりの労力とPCの知識、関数の知識を必要とします。

そのため、**みなさんは、事業収支計画表は、あくまで簡易なものにとどめ、業者やハウスメーカーなどが持ち込む収支計画表の内容把握・分析に心掛けることをおすすめします。**

そこに記載されている数値が、どのような根拠に基づいて計上されているのかを、担当者から良くヒアリングし、把握されることが大切です。

できれば、入居率１００％だけでなく、70％程度のものも別途用意してもらいましょう。

そして、銀行窓口には、

「これは業者の作成したもので、入居率は１００％で試算してありますが、入居率70％でも、十分収支は回る計画となっています」

といった具合に具体的に説明できれば問題はありません。

また、最近は安価なシュミレーションソフトも販売されていますので、それらを活用するのもいいでしょう。

銀行では、実際にはお客様から頂いた資料をもとに、銀行の基準で別途事業収支計画表は作成して、融資判断の材料としています。

大切なのは、お客様が持参される資料の内容を、しっかりと理解しているかどうかということです。

事業収支計画書の例

※この書類は
http://fujimaki.cc/index.html（オフィス藤巻）
よりダウンロードできます。

（単位：千円）

	名目	建設年度	1年度	2年度	3年度	4年度	5年度	6年度	7年度	8年度	9年度	10年度
収入	家賃等収入		¥7,476	¥7,476	¥7,476	¥7,700	¥7,700	¥7,700	¥7,931	¥7,931	¥7,931	¥8,16
	更新料収入			¥0	¥623	¥0	¥623	¥0	¥623	¥0	¥623	¥0
	保証金	¥0										
	小計		¥7,476	¥7,476	¥8,099	¥7,700	¥8,323	¥7,700	¥8,554	¥7,931	¥8,554	¥8,169
支出	建設年度経費	¥1,399										
	管理費		¥0	¥0	¥0	¥0	¥0	¥0	¥0	¥0	¥0	¥
	修繕費				¥217	¥222	¥226	¥231	¥235	¥240	¥245	¥250
	火災保険料		¥83	¥83	¥83	¥83	¥83	¥83	¥83	¥83	¥83	¥8
	公租公課（土地）		¥0	¥0	¥0	¥0	¥0	¥0	¥0	¥0	¥0	¥0
	公租公課（建物）		¥493	¥493	¥493	¥493	¥493	¥493	¥493	¥493	¥493	¥49
	減価償却費		¥2,206	¥2,206	¥2,206	¥2,206	¥2,206	¥2,206	¥2,206	¥2,206	¥2,206	¥2,20
	借入金利息（A）		¥0	¥0	¥0	¥0	¥0	¥0	¥0	¥0	¥0	¥0
	借入金利息（B）		¥2,768	¥2,695	¥2,620	¥2,542	¥2,462	¥2,378	¥2,292	¥2,203	¥2,110	¥2,01
	借入金利息（C）		¥0	¥0	¥0	¥0	¥0	¥0	¥0	¥0	¥0	¥0
	短期借入金利息		¥0	¥0	¥0	¥0	¥0	¥0	¥0	¥0	¥0	¥
	支出合計	¥1,399	¥5,550	¥5,477	¥5,619	¥5,546	¥5,470	¥5,391	¥5,309	¥5,225	¥5,137	¥5,04
税金	差引損益（経常利益）	¥-1,399	¥1,926	¥1,999	¥2,480	¥2,154	¥2,853	¥2,309	¥3,245	¥2,707	¥3,417	¥3,12
	損益累計	¥-1,399	¥528	¥2,527	¥5,006	¥7,160	¥10,014	¥12,323	¥15,568	¥18,274	¥21,692	¥24,81
	税金（個人の累進課税）	¥0	¥79	¥300	¥396	¥331	¥471	¥362	¥549	¥441	¥595	¥525
	法人税	¥0	¥0	¥0	¥0	¥0	¥0	¥0	¥0	¥0	¥0	¥
純利益	税引後当期利益		¥1,847	¥1,699	¥2,084	¥1,823	¥2,383	¥1,947	¥2,696	¥2,265	¥2,822	¥2,59
	減価償却費戻し高		¥2,206	¥2,206	¥2,206	¥2,206	¥2,206	¥2,206	¥2,206	¥2,206	¥2,206	¥2,20
	自己使用部分の経費		¥0	¥0	¥0	¥0	¥0	¥0	¥0	¥0	¥0	¥
	償却引当前利益		¥4,053	¥3,905	¥4,290	¥4,030	¥4,589	¥4,153	¥4,902	¥4,471	¥5,028	¥4,805
借入金	借入金返済（A）		¥0	¥0	¥0	¥0	¥0	¥0	¥0	¥0	¥0	¥
	借入金返済（B）		¥2,038	¥2,111	¥2,186	¥2,264	¥2,344	¥2,428	¥2,514	¥2,603	¥2,696	¥2,79
	借入金返済（C）		¥0	¥0	¥0	¥0	¥0	¥0	¥0	¥0	¥0	¥
	短期借入金返済			¥0	¥0	¥0	¥0	¥0	¥0	¥0	¥0	¥
	返済合計		¥2,038	¥2,111	¥2,186	¥2,264	¥2,344	¥2,428	¥2,514	¥2,603	¥2,696	¥2,792
	借入金残高（A）	¥0	¥0	¥0	¥0	¥0	¥0	¥0	¥0	¥0	¥0	¥
	借入金残高（B）	¥80,000	¥77,962	¥75,851	¥73,664	¥71,401	¥69,056	¥66,629	¥63,901	¥61,511	¥58,815	¥56,02
	借入金残高（C）	¥0	¥0	¥0	¥0	¥0	¥0	¥0	¥0	¥0	¥0	¥
	短期借入金残高		¥0	¥0	¥0	¥0	¥0	¥0	¥0	¥0	¥0	¥
	残高合計	¥80,000	¥77,962	¥75,851	¥73,664	¥71,401	¥69,056	¥66,629	¥63,901	¥61,511	¥58,815	¥56,023
資産	余剰金		¥2,015	¥1,794	¥2,104	¥1,766	¥2,244	¥1,726	¥2,388	¥1,868	¥2,332	¥2,0
	保証金		¥623	¥0								
	余剰金利息			¥3	¥4	¥7	¥8	¥11	¥12	¥15	¥17	¥1
	余剰金累計		¥2,638	¥4,435	¥6,543	¥8,315	¥10,568	¥12,305	¥14,705	¥16,588	¥18,936	¥20,96
	不動産資産（土地）		¥0	¥0	¥0	¥0	¥0	¥0	¥0	¥0	¥0	¥0
	不動産資産（建物）		¥49,026	¥46,820	¥44,614	¥42,408	¥40,201	¥37,995	¥35,789	¥33,583	¥31,377	¥29,1
	資産総額		¥-26,920	¥-25,219	¥-23,131	¥-21,301	¥-18,910	¥-16,952	¥-14,030	¥-11,964	¥-9,125	¥-6,50

※個人の方が、持ち込む場合はこれより簡易な内容でかまいません。

★家賃保証を信じた地主さんの悲劇

地主さんが、ハウスメーカーの作った事業計画書と、家賃保証会社の契約書を持って、銀行に来ることがよくありました。

パッと見た感じ、キャッシュフローは出る計算ですし、自分の土地を担保にして建物分だけ融資を受けるのですから、担保価値も申し分なさそうです。

それに、20年とか30年とかの家賃保証まで付いているのですから、リスクはかなり低いようにも見えます。

しかし、よく見ると「アレ?」と思うような事業計画書も中には紛れていました。

典型的なのは、相場より高い家賃想定&入居率100%が何十年も続いているものです。

建物代が異常に高いものもありました。8部屋の木造アパートで1億円だったり、小さな戸建て賃貸の建築費が1600万円だったり、相場とかけ離れた金額で建物代を計上している事業計画書は珍しくありませんでした。

地主さんなので借入れは建物代だけなのに、利回りが5%~6%という計画もザラでした。

家賃保証の契約書の方も、「20年一括借り上げ」と言いながら、金額は保証会社が一方的に決められるようになっていたり、保証会社が解約を提示した場合はそれを受け入れざるを得ない契約内容になっていたりするものもありました。

つまり、冷静に見れば、「とてもじゃないけど、家賃保証とは言えない」というような内容です。

それでも、「土地が担保として手堅いから」という理由で、銀行が融資を出すケースも少なくありませんでした。

残念なことにそのうちの何件かは、予定通りにお金がまわらず、任意売却や競売にかかることになりました。

「古くなり入居率が下がりはじめたら、家賃保証会社から保証を打ち切られた」

「更新ごとに保証金額を下げられて、期待していたお金が入ってこない」

地主さんたちは、悔しそうにそう言いましたが、調子のいいことを言っていた営業マンは何の責任もとってくれません。もちろん、お金を貸した銀行も同様です。

「土地活用」という名の下、業者からアパート建築をすすめられたときは、不動産投資の数字がわかる人に相談してからにしましょう。

アパート投資は、人まかせにして、簡単に儲かるものではありません。

BANK LOAN

ステップ3

銀行の チェックポイント 対策

■銀行員の言葉の裏を読み解く

銀行の窓口で必要書類を提出したあとの銀行の対応は、大きく分けて2つに分かれます。

1、**「うちではちょっと難しいかもしれないです」**と言って、それ以上先に進まない。

→いわゆる「門前払い」をくらう形

2、**「検討してみますので、融資申込書（事前相談書）を書いていただけますか？」**と言って、資料を手渡される。

→一応、融資のテーブルには乗ると判断された

銀行員の「うちではちょっと難しいかもしれないです」という言葉は、「無理です」と同義語と考えて下さい。

その銀行では縁がなかったと思って、次の銀行に向かったほうがいいでしょう。

一方、相談後に書類を渡されたら、可能性があるということですので、ひとつめのハードルはクリアしたといえます。

ちなみに、なぜ申込書の記入さえできず門前払いされる例が多いかというと、「申込書」を受け取った時点で、銀行内で「正式な融資案件」として動き出すからです。そうなると、結果的にダメになった場合、担当の銀行員は利益にならない書類（謝絶記録書）を作る必要が出てきます。

その手間を省くため、見込みが薄い案件は、最初から受け付けないのです。

融資に同一案件、同一融資はない

それにしても、銀行員はお客様のどこを見て、可能性のアリとナシを判断しているのでしょうか？

まず、みなさんに理解していただきたいのは、不動産投資に関していえば、世の中に、同じ融資が2つとないと言うことです。

なぜなら、融資を申し込む人も1人、投資する不動産もこの世に1つ、そして申し込む時期も、まさにその時しかないのです。

つまり、**この世に2人として同じ人がいないように、融資もまた2つと同じ仕様がない**

のです。

したがって、そこにすべての融資に共通する定理、定説、原理、原則はなく、すべてが個別案件、個別判断と言うことです。

唯一、原則があるとすれば、それは、貸したお金がちゃんと返ってくる融資かどうか、この人は、ちゃんと返してくれる人かどうか、ということぐらいでしょうか。

私が銀行に入行して、最初に言われたのは、

「融資は、まず人をみて金を貸せ！」

でした。

あえて言うなら、この「人を見て金を貸せ！」が、もっとも基本中の基本なのかもしれません。

担保や保証人などは、本来、その次の次にある要件といえるのです。

銀行の憲法である貸出の5原則

それにしても、銀行が「人」だけを見て、何の基準もなしに融資を実行しているはずもありません。

実は、貸出をするにあたって、銀行には憲法のような大切な5原則があります。

かつてのバブル華やかかりし時代、あれからもう十数年以上も経ちます。

もし銀行各行が、この5原則に則って、忠実に業務を遂行していたならば、おそらくここまで銀行の財務体質が疲弊することも、景気が低迷することも、なかったのかもしれません。

その点では、その当時、自分もその一端を担っていた一銀行員であったことには、じくじたる思いを禁じえないものがあります。

まずは、その5原則について紹介します。

【原則1　成長性の原則】

『銀行の貸出は、常に、顧客（事業）の成長を促すものでなければならない』

私は、志のある経営者と悩みや苦労をともにし、一緒になって企業を育成・成長させるために汗水を流し、貸出することが、銀行マンの使命だと思っていました。

その企業が成長することで、そこに関わる多くの取引先、従業員とその家族、そして地域経済に貢献するものと信じていました。

【原則2　安全性の原則】

『銀行の貸出は、できる限り安全な貸出でなければならない』

どんな貸出も、放漫融資であってはなりません。

たとえ地域経済のためといっても、その貸出が返済の目処のある、より安全な貸出でなければならないからです。

貸出するお金は、預金者のご預金で賄われています。顧客からお預りした大切な預金を、慎重に運用（貸出）することもまた、銀行の大切な役割でもあるのです。

【原則3 収益性の原則】

『銀行の貸出は、適正なお利息を確保できるものでなければならない』

銀行といえども、民間企業である以上、収益を上げなければ役職員の給料や諸経費を賄うことはできません。

すなわち、この貸出利息が銀行にとっての大きな収益（売上）になる訳です。

貸し手から見て、ただ金利が高ければいい、借り手から見て、ただ安ければいいというものではありません。

金利は銀行にとっては命そのものであり、健全な金利体系の構築、リスク相応に見合った金利設定こそが、銀行の重要な使命の一つでもあるのです。

【原則4 流動性の原則】

銀行にとって、貸出ができるだけ短期期間の貸出の反復であることが望ましいということです。

貸出は、その貸出期間が、長ければ長いほど、銀行にとってはリスクを伴うものになります。今日のように、分刻みで相場が変動し、グローバル規模で経済が激しく変動するなか、5年10年先を予想することは、極めて困難です。

貸出期25年～35年余りのアパートローンの貸出判断は、自ずと慎重にならざるを得ないのが現実であることを忘れないでください。

【原則5　公共性の原則】

銀行は、民間企業でありながら、国の金融システムの根幹を支える重要な組織であることは、みなさんご承知の通りです。

したがって、その業務運営は、常に公共性の観点にたったものでなければなりません。一個人のために、恣意的にサービスを提供することや、個人の情実をもって貸出の判断を変えることは、あってはいけないことなのです。

・・・・・・・・・・・・・・・・・・・・・・・・・・・・

銀行の融資判断のベースには、この5原則がまず存在することを理解してください。

そして、**この5原則に基づいて、各種のローン商品が存在し、それぞれに取扱い要領が定められ、その基準をひとつずつチェックしていくことになるのです。**

大まかに言えば、銀行員はその貸出案件、不動産投資が、

・適正かつ必要なものかどうか？
・事業本体で、十分返済できる財源を確保できる事業計画になっているか？
・担保として余力のある物件か否か？

を常に考え、審査しています。

2大ポイントは「キャッシュフロー」と「担保価値」

判断材料として特に重要なのは、その事業計画（収支）が十分まわるかどうかです。別の言葉でいえばキャッシュフローです。

キャッシュフローの出ない案件は、当然、「返済能力」に問題があると判断され、融資は通りません。

もちろんこれは、銀行が判断する以前に、借りる側にとっても極めて重要なことです。大きな借入をしても、毎期、毎期、赤字計上、ローン返済のため手元預金の取り崩しが発生するようでは、事業としては成り立たないことは明らかです。

ですから、事業計画の内容は非常に重要です。

もうひとつ、重要となるのが担保価値です。

その土地や建物は、売ったらいくらになるのか、つまり、借主が返済できなくなったときに、銀行がそれを売ることで元が取れるのか、ということがポイントになります。

キャッシュフローと担保価値という2つのポイントで合格点を取ることは、銀行が融資を出す上での大前提です。

ここがクリアできなければ、どんなに他の条件が整っていても、前には進めません。

土地の評価方法

担保評価の方法について少し紹介します。ただし、評価方法は銀行各行によって異なるので、あくまでも一般論、考え方として捉えてください。

まず、土地の評価方法です。

1つの土地に、5つの地価（土地の価格）があることは、みなさんご存じのとおりかと思います。

1）路線価格
2）公示価格
3）基準地価格
4）固定資産税評価額
5）実勢価格

私の経験から言えば、この路線価格が担保評価の基本（根拠）になりました。次に、この路線価格に比べて、実勢価格（実際の売買価格）が高いのか安いのかを見ました。安いのならお買い得でしょうし、高いのなら、なぜ高いのか？　高くてもその土地を買いたい理由はどこにあるのか？　を考えなくてはなりません。

そして、その根拠に妥当性を持たせるため、2番、3番、4番の価格を参考にしたり、近隣で取引事例があれば、その価格も参考にしました。

そして、それらの情報をもとに、総合的に判断して土地の価格を決める訳です。

わかりやすい目安でいうと、その決定した土地の時価に対し、担保掛け目（70％〜80％）をかけた価格が融資可能金額になります。

例外もありますが、基本的にはこの担保評価価格の範囲内での貸出がセオリーとなります。

■ 建物の評価方法

建物の評価には大きく分けて「収益還元法」と、「原価法」の2つの方法があります。

「収益還元法」では、その物件が持つ収益力から物件を評価する方法で家賃収入から割り戻して物件の評価をします。

収益還元法は、賃貸用不動産、賃貸以外の事業に要する不動産の価格を求める場合に特に有効で、取引事例比較法や原価法と比べ、合理性が高い方法と言えます。

計算方法としては、一定期間（通常は1年間）の純収益を還元利回りで割って、100を掛けて収益還元価格を求めます。

不動産を長期に保有する場合の評価に適しており、還元利回りの選択が重要になります。

対象不動産の収益価格＝一定期間の純収益÷還元利回り

例えば、還元利回りを5％と設定し、年間の収益が120万円、年間経費（維持管理費・修繕費・公租公課・損害保険料・空室等損失相当額等）が20万円だったとすると、物件の収益価格は2000万円になります。

（1,200,000円―200,000円）÷0.05＝20,000,000円

と、いうことは
・年間1000万円の家賃収入のある物件　と、
・年間500万円の家賃収入のある物件
を比較すれば単純に1000万円の家賃収入のある物件の方が評価は高くなります。
これは物件を収益利回りからみた動態的な評価というところです。

一方、静態的な評価が「積算評価法」です。

これは土地の価格がいくら、建物の価格がいくら、という形で物件を評価する方法です。ですから家賃収入の額が変わっても、基本的に評価額は変わりません。

一昔前は不動産を購入する時の銀行の評価は、この積算評価法が一般的でした。でもここ数年は収益還元で評価する銀行も出てきています。そしてここにきて、また積算評価が重視されてきています。

積算評価法とは、別の名前で原価法とも呼ばれます。

計算方法としては、対象の不動産を、仮にもう一度建築・造成した場合にいくらになるか（再調達原価）を割り出します。

次に、建築後の経過年数による価値の低下を割引いて（減価修正）現在の価値を推定します。

建物の積算価格＝総面積×単価÷耐用年数×残存年数（耐用年数―年数）

ここでの単価と耐用年数と残存年数は、物件の構造によって異なります。

また、区分所有の場合は、レンタブル比（「貸室部分面積」÷「延床面積」で実際に有効活用される面積割合を計算する必要があります。

積算価格を計算するときに使う単価は、木造、RC、その他建物種類により異なります。

次ページをみてください。もちろんこれは、すべての銀行に統一されたものではなく、銀行によってそれぞれ数値が定められていますので、おおむねの数値です。

すると、木造の再調達原価は、200千円ですから、200千円×100㎡＝2000万円　となります。

もちろんこれが妥当な価格というわけではありません。

現実には木造在来工法で、平米200千円（坪単価600千円程度）で建てることは張りぼてのアパートでない限り、難しいことは、みなさんご存じのとおりです。

遮音や気密性、高断熱などを考えると、さらに工事単価は上がるはずです。

しかし銀行は、その部分までは考慮してはくれないのです。あくまでも平均値、平均的な評価を重んじるのです。

ただ、担保評価が低い（融資希望額＞担保価格）からと言って、案件が全部駄目とは思わないでください。

建物の再調達原価・耐用年数（用途別・構造別）

1.＜建物の法定耐用年数と金融機関の耐用年数＞

		木造	鉄骨造	鉄筋コンクリート造	鉄骨鉄筋コンクリート造
一般住宅	法定の耐用年数	22年	34年	47年	47年
	金融機関の年数	20年	25年	40年	40年
共同住宅	法定の耐用年数	22年	34年	47年	47年
	金融機関の年数	20年	25年	40年	40年
マンション	法定の耐用年数			47年	47年
	金融機関の年数			40年	40年

2.＜建物の再調達原価＞

（単位：千円）

	木造	鉄骨造	鉄筋コンクリート造	鉄骨鉄筋コンクリート造
一般住宅	180	200	230	230
共同住宅	150	160	190	190
マンション			230	230

※この耐用年数の設定、価格の評価については、各金融機関によって、概ね記載の数値前後で設定されているようですが、やはり違いがあります。
銀行によっては、厳しい評価、固めの評価をしているところもあれば、実勢からみて妥当な評価をしているところもあることは事実です。

中には、収益物件（フル賃貸物件）については、収益還元法で評価するところもあるくらいです。

融資希望額 ＞ 担保価格 ……→ 即融資謝絶

であれば、銀行員は必要なくなってしまいます。インターネットか、チェックシートで判断した方が、スピーディーで簡単な訳ですから。

担保価値は低くても、駅前3分の好立地な事業プランだったらどうでしょうか？ スタート後も、予想以上に十分収支がまわる好案件だったら？

私だったら、色々な方法を考えてでも融資すると思います。

ちなみに私は、バランスのいい案件については諸経費を含めた総事業費の9割、比較的難しい案件でも総事業費の8割を目指して融資交渉にあたっています。

私の考える満額融資とは、施主さんがありったけの自己資金を投入して足りない分を補足するための融資ではなく、そのプランに対して銀行が融資をできるであろう最大の融資金額のことです。

結局のところ、もっとも大切なのは、その事業計画が、十分実現可能性があるかどうかということになるのではないでしょうか？

最後に付け加えておくと、物件を選ぶ時には、「収益還元と積算評価のバランスのよい物件」を選ぶという方法が無難です。

そうすれば出口も楽になりますし、時代の流れに右往左往することもありません。

中古物件と新築物件の違い

中古物件と新築物件との違いは、もちろんその時価が異なることですが、注意したいのは、耐用年数によるローン期間の違いです。

たとえば同じ木造でも、**新築物件なら耐用年数が25年とれるケースもあることから、**ローンの期間も、各銀行が定める最長期間（おそらく25年）で組むことは可能です。

一方、**中古の場合、たとえば築後10年経過していた場合、耐用年数でいうところの残存年数は15年となります。**

いくらアパートローンの最長年数が25年でも、残り15年で評価額がなくなる訳ですから、その期間を超えてローンを組むことが難しくなってきます。

耐用年数を超えて融資する金融機関もないわけではありませんが、通常は金利の高い一部の地方銀行か、ノンバンクになります（普通の銀行でも、過去に取引があり、担当者と太いパイプができている場合は、考慮してもらえることもあります）

特に、中古のワンルームマンションなどは、この影響を受けやすいと言えるでしょう。底地（土地）が所有権でないだけに、さらに審査は厳しくなるはずです。

銀行が担保としてみない物件とは

銀行は原則的に、以下のような物件に融資をしない、もしくは消極的です。

・再建築不可物件
・借地権（評価が厳しく担保としにくいため）
・法律（建築基準法、行政法規など）違反物件（建ぺい率オーバー、容積率オーバーなど）
・区分所有建物

ノンバンクや一部の地方銀行では、貸出している例もありますが、いずれも銀行に比べると金利は高めです。購入物件以外の担保が必要になることも多いようです。

これらの物件がなぜ担保価値がないのかといえば、買い手が現れにくいからです（投資家からすれば、「銀行が融資をつけないから買い手がいないのでは？」という見方もできますが…）

立地のわりに利回りが高いと思ってよく見ると、融資のつかない物件だったということはよくあります。

高利回りにつられて、これらの物件を手に入れたとしても、いざ売ろうとしたときに、苦労することが予想されます。

また、銀行が担保価値を見る物件と違い、**借金がなくなっても、その不動産を担保にして次の物件を購入するという手法が使えなくなります。**

もちろん、現金やノンバンクからの借入れであえて高利回りの物件を購入し、加速度的に現金を貯めるという手法もひとつのやり方です。

若い投資家が、空室の多かった地方の超高利回り物件を買い、努力と根性で埋めて満室にした、なんて話を聞くと、私も「やったな！」と嬉しくなります。

しかし、**銀行の中にはノンバンクからの借入れをマイナス評価するところもあります。**

不動産投資をはじめる際には、銀行との付き合い方を事前に決めておかないと、途中で行き詰ることになるかもしれません。

将来的に銀行を利用して物件を増やしていこうとするなら、借入れの順番も意識したほうがいいでしょう。

★一人2億円の壁があるって本当?

「個人では2億円までしか借りられないって本当ですか?」

という質問を受けることがあります。

結論から言えば、本当ではありません。

負債と資産のバランスなどを見て、リスクが少ないと判断すれば、銀行は金額に関わらず融資をします。

「個人で2億円を超えてしまうので」

と断られた人がいるなら、それは銀行が断るための口実だったのでしょう。

銀行側がよく使う断り方としては、

「属性がちょっと…」

「前のお借り入れから期間が経っていないので…」

などがありますが、それらも口実です。

前の借り入れから年数が経っていても、貸せないケースがあるのはいうまでもありません。

COLUMN

銀行は表立っては、融資を出せない理由を相談者に伝えません。

「自己資金が少なすぎる」と正直に伝えて、

「じゃあ、あと1割多く用意するから貸して」

と言われたら、困るからです。

「自己資金が少ない」のが大きな理由だとしても、他にも色々な要素を見た上で、総合的に判断した結論が「NG」なのであって、「ここをこうすれば借りられる」というような単純な話ではありません。


例外として、私のように相談者本人ではなく代理人が話を聞く場合には、わりと具体的な理由を教えてくれることがあります。

その場合は、ダメだった理由をカバーできるように書類をアレンジしたり、穴埋めできるストーリーを用意したりして、別の銀行に持ち込みます。

銀行によって気にするところが違うので、それぞれの個性を見ながら案件を持ち込むことも、私の得意とするところです。

BANK LOAN

ステップ4

「属性」を跳ね返す秘訣

ステップ 1	銀行の窓口に行く前に準備すること
ステップ 2	融資が通る「事業計画書」の書き方
ステップ 3	銀行のチェックポイント対策
ステップ 4	「属性」を跳ね返す秘訣

■属性だけで融資額が決まることはない

すでに述べたように、銀行が融資をするときには、「キャッシュフロー」と「担保価値」という大きな2つの要素が重要になります。

そして、次に重視するのが、借りる人の「属性」です。

よく、自分の属性からの借入の上限を尋ねられることがあります。

「自分は、いくらまで借入できますか？」

「いま、いくら借入残があるのですが、どこまでなら借りられますか？」

残念ながら、この質問には答えようがありません。

おそらく、融資窓口の担当者も、本部の承認がおりるまでは、わからないと思います。

過去の経験からイメージはつかめても、その場で「大丈夫」とは言い切れません。

よく、誤解されるのですが、不動産ローンの申し込みは基本的に、借りる人の年収を考慮しません。その人の属性だけを見て、融資額が決まることはありえないのです。

それなのに、実際には年収が少ない人が相談に乗ってもらえないことが多いのは、何らかの事故や予想外の退去などで、予定していた利益が得られなかった場合に、すぐにデフォルトすることを避けるためです。

銀行は、万が一持ち出しになっても、給与所得や、預金などがあり、ある程度の期間は耐えられる「属性」の人に、お金を貸したいのです。

では、その「属性」とはいったい何のことなのでしょうか?

属性とは、借入が融資申込書に記入する様々な情報から作られています。

住所、氏名、年齢、生年月日、勤務先に税込年収、家族構成に更には金融資産の明細、その他の不動産、借入明細などなど…。

実は、これらすべての情報(個人情報)が、「属性」になるのです。

「属性が高い」とか「属性が低い」とかいう表現は、これらの情報を各々の銀行が独自に評点化し、その合計点数をみて言っているのです。

聞くところによれば、実際に各行でいろいろな基準があるようです。

判断項目・分析指標も、家族構成や家族の年齢・職業・収入に至るまで細かく分類、チェックがなされているといいます。

噛み砕いて言えば、「属性」とは、

・申込人の勤め先
・税込年収
・個人の借入があるのかないのか
・不動産や株などの金融資産があるかどうか
・自己資金として投入できる預金をどの程度もっているのか
・家族構成

ということになるでしょう。

特に大切なのは自己資金と金融資産

属性のなかでも、とりわけ影響力が大きい項目（属性の違いとして現れる項目）は、自己資金と金融資産です。

不動産投資をするにあたり、いくら預金を投入できるのか、いくら借入するのか、そのバランスに影響するからです。

預金は、不動産や生命保険と違い、いつでも取り崩しが可能です。有価証券のように、投資元本割れのリスクもありません。**各種資産のなかで、もっとも良質な資産といってもいいでしょう。**

手元に現金がどれだけあるかによって、万一空室率がアップしても、それを補うだけの確実な余力になるのも強みです。

また、家族構成については、妻が専業主婦で子供もいる場合、収入から生活費や教育資金が差し引かれて計算されます。

私立の中学校や高校に通う子供がいれば、学費だけで一人年間100万円はくだらないでしょう。地方で一人暮らしをしている私立大学に通うお子さんがいる場合は、年間200万円はかかる試算になります。

銀行は審査の段階でこれらの経費を収入から差し引いてみることになります。

小さなことですが、カードローンからの借入れや、税金の滞納や遅れがないかなども、銀行はしっかりチェックしています。

マイカーローンなどはあってもいいのですが、その分の金額は、返済能力から差し引かれることになります。

私自身の例でいえば、自行にそのお客様や、お客様のご家族の口座がある場合は、必ず過去何年かの預け入れと支出の欄をチェックしていました。

どんなに預け入れ額が多くても、どんどん出て行ってしまう人は警戒します。

反対に、預け入れ額はほどほどでも、支出が少なく、残高が年々積みあがっている人は、貸出の対象にしやすかったです。毎月決まった金額を積み立てしている実績も有効です。

言うまでもありませんが、サラ金からの借入れが見つかれば、その時点で審査はストップします。

■職業別に見る借りやすさの違い

属性の違いは、借りやすさの違いともいえます。

正直なところ、職種によって借りやすい職種とそうでない職種があります。

かなり大雑把ではありますが、借りやすい順に並べるとしたら、次のようになるでしょう。

ポイントは、「安定的に収入があるかどうか」です。

・公務員
・医師や弁護士などの専門職
・サラリーマン
・会社経営者
・個人事業主
・アルバイト、ネットでの副業
・無職

解説すると、まず、**公務員はリストラなどの可能性が低く、安定収入を見込めるため、銀行融資には有利です。**

次に、医師や弁護士などの専門職の方も、資産に余裕のある方が多く、何かあっても別の収入源から補填できると考えられるため、銀行にとってはいいお客様です。

サラリーマンについては、会社の規模にも左右されます。

上場企業に3年以上勤めているのが理想的ですが、上場企業ではなくても、堅実に働いていると認められれば、融資の可能性は十分です。

3年以内の勤務でも、「ヘッドハンティングを受けて転職した」「同じ業界の別の会社に移った」というような理由なら、マイナスとして見られないこともあります。

会社経営者の方については、会社の財務内容が大きく影響します。

会社の決算が赤字や債務超過では、融資を受けることは厳しいでしょう。法人で不動産投資を受けるなら、前もって税理士さんと相談し、それにふさわしい財務内容を銀行に見せる準備をしておくことが必要です。

また、営業年数については、できれば3年、最低でも2年は求められるでしょう。

個人事業主の方については、所得を申告していることが大前提になります。金額としては、500万円くらいあればテーブルに乗るでしょう。

個人事業主の方でよく聞くのが、

「税金で取られるのはバカバカしいから、わざと赤字決算にしています。でも実際は黒字でキャッシュフローには余裕があるのですよ」

という話です。

しかし、金融機関にそんな都合のいい話は通用しません。

なぜなら、銀行の審査は、すべて書面審査で、実際に数字として出ている成績がすべてだからです。

アルバイトやネットでの副業から得られる収入は、所得を申告していたとしても、銀行での融資は難しいといえます。

中にはヤフーオークションやアフェリエイト報酬などで、立派に稼いでいる方もいらっしゃいますが、銀行はどうしても、「収入が不安定」と考えます。

「フリーターの僕でも銀行からお金を借りられた」というような話を聞くことがありますが、彼らは最初に現金を貯めて、担保物件となるような不動産を購入しているケースがほとんどです。

または、一定以上の資産を持つ両親が保証人になっている場合もあるようです。

無職の方は、残念ながら銀行はお金を貸しません。

どんなに素晴らしい物件を持ち込んだとしても、それは同じです。

以前、数億円規模の資産を持つ親御さんが保証人になって、無職の息子さんがアパートを買ったという例を見ましたが、それなどは例外でしょう。

銀行は無職と聞いただけで、

「今、どうやって生計を立てているのか？　何か隠していることがあるのではないか？」

「人生で無職の時期があるとは、人生設計が甘いのでは？」

と受け止めます。

今後、転職するので一時的に無職になるかもしれないという方も、融資のことを考えるなら、辞める前に次の就職を決めておいたほうがいいと思います。

経歴書の中に働いていない時期があったというのは、銀行から見たら不安材料になります。

また、サラリーマンの方で将来的にセミリタイヤを考えている方がいる場合、それを銀行に伝える必要はありません。

最初から、会社を辞める前提だとわかれば、銀行はそれをリスクと考えます。

結果的に、家賃収入で生活できることになり、やめることになった時点で、「不動産を本業にしてやっていきたいのでやめました」と事後報告をするくらいでいいでしょう。

融資は、本業が黒字であることが大前提

会社経営者と個人事業主のところで少し触れましたが、融資を受けるなら、赤字決算は避けましょう。

赤字は、融資担当者が本部に稟議を上げる場合、債務超過と同じくらい好ましくない財務内容です。

本業の赤字を不動産投資で埋めようとしているなら、無理な相談です。

融資は、本業が黒字であることが大前提です。

「不動産投資をすれば赤字が黒字になる」

というのも通用しません。


もし、毎期赤字決算の確定申告をもとに、不動産融資の申し込みをした場合、融資部は必ず聞いてくるでしょう。


「どうして、赤字続きの先に、融資しないといけないの？」

「ホントは、それは不動産の取得費ではなく、本業の赤字補填なんじゃないの？」

「毎期赤字なのに、どうやって借入金の返済をしていくの？」

「返済財源（減価償却費＋純利益）がないじゃない！」


これらの質問に誰が聞いても納得のできる回答を与えないと、融資審査のテーブルにすらのりません。

例外として、かなりの現金を持っているなら別ですが、基本的には、納税していない人は、融資を受けられないと考えていいでしょう。

誤解のないように言っておきますが、このハードルをクリアして、初めて審査のテーブルに乗るのであって、承認が出るか出ないかは、更に審査したその先の話になります。

ただ、赤字がすべて駄目というわけではなく、大切なのは、その理由です。

おそらく、多くの方がアパート経営をはじめた初年度は、ほとんどの場合、赤字になると思います。

なぜなら、土地を取得したりアパートを新築したりする中で、いろいろな諸経費（仲介手数料、登録免許税、不動産取得税、竣工までの借入金利負担などなど）が発生します。

このように、理由が明確な赤字については、あまり神経質に考える必要はありません。

銀行では、このような赤字を俗に設備初期投資に伴う赤字、一過性の赤字であり、特殊要因と認識するからです。

属性を上げるには「賃借対照表」のバランスに注目する

物件も属性は悪くないはずなのに借りられない、という人は、自分の「賃借対照表」を作ってみると、その理由が見えてくるかもしれません。

賃借対照表とは、資産と負債の実態バランスを示す表です。

このバランスを見て、負債よりも資産の方が多ければ、銀行から見て「安心して貸せるお客様」になります。

サラリーマン（源泉徴収対象者）の方でも、アパート経営をはじめられたら必ず、確定申告の義務が発生します。

その際、各々の判断ではありますが、次ページのような貸借対照表（資産負債調）を作成する人が出てくると思います。

私は融資を検討するにあたり、この貸借対照表を簡易的に作成していました。

このバランスシートで、借入金が総資産の80%程度であれば申し分ありません。

しかし、中にはこのような実態バランスを作成したときに、元入金のところが大幅（マイナス）になるような融資案件もあります。

そのときは、当然、銀行は厳しい見方をすることになります。

▲

安全性の分析（実態バランスの作成）

※この書類は
http://fujimaki.cc/index.html（オフィス藤巻）
よりダウンロードできます。

確定申告書……貸借対照表（資産負債調）

（単位:円）

資産の部			負債・資本の部		
科目	1月1日（期首）	12月31日（期末）	科目	1月1日（期首）	12月31日（期末）
現金	8,000,000	500,000	借入金		72,000,000
預金		3,000,000	未払金		
未収賃貸料			保証金・敷金		1,000,000
未収金					
有価証券					
建物		30,000,000			
建物付属設備		3,000,000			
構築物		1,000,000			
工具・器具・備品					
土地		40,000,000			
借地権					
			事業主借		0
			元入金	8,000,000	8,000,000
事業主貸		3,000,000	青色申告特別控除前の所得金額		▲500,000
合計	8,000,000	80,500,000	合計	8,000,000	80,500,000

元入金が▲マイナスということは、実質債務超過、つまり借入が過大ということになるからです。

もちろん、だからといってすべて駄目というわけではありません。

ただ、**本部に稟議する場合、この債務超過について説明する必要（手間）が出てくるということです。**

・債務超過となる理由・原因
・これをカバーする材料（たとえば、家族名義の預金や有価証券、不動産など）
・この債務超過を解消するプランと根拠（このあと、毎期いくらの利益が計上できる見込みだからあと何年で解消できます。というような根拠）

そして、それらは、本部の審査担当者を納得させるに十分現実的で実現可能性の高いものでなければなりません。

これだけ聞いただけでも、結構大変なことがおわかりいただけるのはないでしょうか。

つまり、一人いくらまで借入れできるかではなく、賃借対照表で見てバランスのとれた案件であるかどうかということの方が、融資判断には重要だということです。

その融資案件が、著しく債務超過で、その後の本業（アパート経営）の収益で解消見込みのないものであった場合、たとえ金額が５００万、１０００万と、総事業費に比して少なかったとしても、銀行は貸すことはないと思います。

反対に、全体のバランスで見て「負債」よりも「資産」の方が多ければ、借入れ金額自体は大きいとしても、銀行にとって貸したい対象になるはずです。

銀行から見て「債務超過」の原因になりやすいもののひとつが、通常の耐用年数を超えた期間で融資を組んだ物件です（ノンバンクや金利の高い地方銀行から借入れて買った物件はたいてい耐用年数を越えています）。

先日、都内で土地から仕入れて新築のアパートを建てたいという方が相談にいらしたのですが、以前、地方の中古アパートを買ったときに使ったノンバンクからの借入れが残っていました。

その方は、都内のアパートを建てる際に銀行からの借入れに不利になると困る、という理由で、地方のアパートを売却し、ノンバンクからの借入れをゼロにしました。

これにより、負債と資産のバランスが以前より良好となり、銀行からの融資を受けやすくなりました。ノンバンクの担保になっていた実家の土地の抵当も外れたため、この土地を次の融資で担保として利用することも可能になりました。

属性というと、会社の給料や勤続年数に目が行きますが、このように、自分自身の「負債」と「資産」のバランスシートを知り、調整することで、借入れの可能性を増やすこともできるのです。

■所要資金と調達方法について

前の項目でも自己資金の大切さを述べましたが、現金を持っていることは、何よりの強みとなります。

銀行が、アパートローンの相談を受けたとき、まずはその事業計画が、いくらの総工費で、その資金の調達をどのようにするかを判断します。

つまり、いくらの借入で、自己資金をいくら投入する計画なのかを確認します。

加えて、手元資金が、どの程度あるのだろうかと推察します。

仮に、下記のような事業計画だったとしましょう。

土地取得費　5000万円
建物建築費　4000万円
諸経費　1000万円
合計　1億円　　…所要資金A

このとき資金調達計画が、下記のケースを想定しましょう。

銀行借入　7500万円
自己資金　2500万円
合計　1億円　　…調達方法B

所要資金A＝調達方法Bとなります。

しかし、この場合、自己資金2500万円を投入することで、手元資金が0になってしまいます。

手元にある程度の資金余裕（事業立ち上がりのランニング資金に充当）が残らない計画は、融資担当者は、稟議を書きやすいとはいえません。

一方、手元資金が残る計画であれば、事業計画そのものも、ゆとりのあるしっかりとした案件に見えてきます。

本部など判断する側も、余り抵抗なく稟議書を読むことができます。

銀行借入　8500万円
自己資金　1500万円
合計　1億円　　…調達方法C
※余裕資金…1000万円

所要資金A＝調達方法Cとなり、事業計画は、変わらず1億円です。

ただし、自己資金は1500万円投入するだけなので、手元に1000万円の余裕資金があります。

調達方法Bと調達方法Cでは、一見、自己資金を多く入れるBの方が、融資は通りやすいように思うでしょう。

しかし、実際に稟議を組み立てやすいのはCの方です。

せっかく2500万円の自己資金があっても、全部を投入して預金もすべて使い果たしました、なんてことを言うと、審査担当者は、

「何かアクシデントがあって、持ち出しが発生したらどうするの？」

と一歩引いてしまいます。

一方、手元に1000万円の余裕資金があれば、ある程度の想定外の出費にも対応することができるため、銀行の窓口も、比較的スムーズに事業計画に耳を傾けてくれます。

属性であきらめるより「どうすれば借りられるか」を考える

「属性」は、ごまかすことも、嘘をつくこともできません。

だからといって、「属性が低い」という理由で不動産投資をあきらめることはありません。

むしろ、**現在の「属性」が融資を受けるのに十分でないと思うなら、何かで補うことはできないか、それを考えることのほうが大切です。**


たとえば、税込年収が少ないなら、夫婦で収入を合算するのも一案です。

自分名義の預金が少なくても、家族名義、両親名義の預金を借りられるかもしれません。

資産背景が大きくなくても、親の資産（不動産、有価証券等等）はどうでしょうか？

探してみると、実際に申込書に記載されない情報、銀行が把握していない情報が出てくることは意外とあります。

それを知らせることで、相手の対応が変わるかもしれません。

ポイントは、「属性」をごまかすことや無理やり上げることではなく、いかに自分の実態を正直に説明できるかということです。

住宅ローンやマイカーローン、教育ローンやカードローンは、「属性」による評点で、ある程度審査は終わります。

例えば、マイホームローンの上限は年収の6倍とか7倍とか言われており、それ以上を借入れることは、ほとんど無理です。

しかし、アパートローンは、あくまでも事業性貸出です。**属性がいまひとつでも、物件の実力としっかりとした事業計画書が揃えば、予想以上の融資を受けられる可能性もあるのです。**

■現金を貯めることが何よりのアピールになる

属性を見るときに、現金の額が非常に重要だということを述べました。

その理由は、自己資金を多く入れて欲しいというほかに、その人の人間性を図るという意味もあります。

新卒の若者が貯金がないのは、仕方ないことでしょう。

しかし、**社会人10年目なのに貯金がない、年収が600万円あるのに貯金がないことは、銀行員から見たら「普通」ではありません。**


貯金が少ない人に対して、銀行員がその理由を尋ねることもあります。そのとき、

「実家に毎月、○万円仕送りしています」

「マイホームの返済を繰り上げ返済して、今は現金がありません」

というようにきちんと説明できれば、マイナス評価にはならないこともあります。

一方、

「何に使ったかわからないのですが、残りません」

「株とFXで儲けて1000万円あったのですが、結局なくなってしまいました」

というような人は、警戒されます。

銀行員は、「この人にお金を貸したら返ってこないかもしれない…」と不安になるのです。

自分の属性が低いと思う人は、少しでも支出を減らして現金を貯めるのが、融資への近道です。

特に狙っている金融機関があるなら、そこに定期預金を積み立てて、堅実さをアピールするといいでしょう。

決められた金利をくつがえすことはできない

書類を全部提出してからしばらくすると、結果を聞くために銀行に向かうことになります（銀行が融資の結果を伝えるときは、電話口ではなく、必ず対面で会って伝えます）

そこでの銀行員の言葉を、くつがえすことはできません。

「融資期間は○○年で、金利は○％になりました」

と言われたら、それは最終的な銀行の判断です。

相談者は、それを受け入れるか、受け入れずに別の銀行を当たるかのどちらかです。

金利や融資期間について希望を伝えたいなら、この段階ではなく、正式な申し込みをする際に、

「少しでも金利を下げていただけると嬉しいです」

「できるだけ期間を延ばしていただけるとありがたいです」

と伝えておきましょう。

ちなみに、融資の結果を待つ間に、担当者に
「どうなりましたか？　金利は決まりましたか？」
というような電話をかけるのは避けた方が無難です。
銀行員からすれば、作業の邪魔をされて、印象が悪くなるだけです。

必要なときは、銀行員の方から、

「自己資金をもう少し入れられませんか？」

というような電話がかかってきます。

こちらから電話をかけてお願いしたところで、担保や自己資金などの新しい材料が加わらない限り、金利や期間が変わることはありません。


希望額をかなり下回る金額を提示されたり、融資自体を断られてしまったりした場合は、

「どうすれば、もっと貸してくれますか?」

と食い下がったりせず、別の金融機関を当たりましょう。

出てきた結果は、正式には銀行ではなく、銀行の子会社の保証会社が決めているので、銀行員にはどうすることもできません。

気持ちを素早く切り返られるのも、できる投資家の特徴です。

補足になりますが、銀行から融資を受けられた場合は、アパートの決算が終わった時期に報告に行くと良いでしょう。順調に経営ができている様子を伝えることで、次の融資のチャンスが広がるかもしれません。

★銀行は繰り上げ返済より現金が好き

私が融資相談を受けた会社員の男性で、予想していたほど融資額を確保できなかった方がいました。

私から見て、勤務先、給与、資産背景などには問題がありませんでしたし、購入希望の物件も担保価値、キャッシュフローともに悪くない数字でした。

銀行はハッキリとした原因は言いませんでしたが、自己資金の不足がマイナスだったと私は踏んでいます。

この方は、すでにアパートを何棟か持っていて、借金も数千万円ありました。

今年に入り、新しいアパートを購入することにしたのですが、1500万円あった現金のうち、1000万円を別のアパートの繰り上げ返済に使ってしまい、自己資金を500万円に減らしてしまったのです。

COLUMN

ご本人は、

「繰り上げ返済を進めて、少しでも借金を減らしておいたほうが有利になると思った」

と言うのですが、それは勘違いです。

借金があっても、きちんとキャッシュフローが出ていれば大きな問題にはなりません。

それよりも、銀行は手元に現金がある人の方にお金を貸したいと考えるのです。

この件については最終的に、第一希望の銀行以外でほぼ満額に近い融資を受けることができました。しかし、一時は1000万円以上も希望より低い額を提示されて、冷や汗をかきました。

アパートは人生で1棟だけでいいという方は別ですが、できれば増やしていきたいという場合には、各物件の返済のバランスなども、常に意識しながら運営していく必要があります。

同様に、資産の組み換えについても考慮していかなければ、いずれ行き詰ることになります。

いずれにせよ、どんなケースでも味方になるのが現金です。繰り上げ返済を実行する際には、その後の投資計画にマイナスにならないか、じっくりと考えてからにしましょう。

ささやかな幸せを実現するための『不動産投資』のお手伝いをしたい
～あとがきに代えて～

私が銀行に入行したのは、まさに日本がバブル最盛期の時代でした。茶封筒に封緘された最初の初任給が、忘れもしない手取り12万8千円。現金手渡しだったことを今でも鮮明に覚えています。

それまでは、のんびりとした田舎の町で、ただコツコツと生きていました。普通に学校に行き、普通に大学を出て、普通の会社に普通に就職し、普通に結婚して家庭を築き、田舎に住宅ローンでマイホームを買って、定年退職まで滅私奉公。そしてそのあとは豊かな自然を満喫しながら年金生活を送る、そんな平凡な人生が当たり前だと思っていました。

おおよそ華やかな都会の生活などとは、まったく無縁な世界で生きていました。不動産投資、そんな世界があることすら知らずに…。

ところが、銀行に入って生まれて初めての都会生活。見るもの聞くものすべてが新鮮で、毎日が刺激的でした。同時に、この豊かで刺激的で楽しい人生が、永遠に続くと信じて、疑うことすらありませんでした。

バブルの崩壊や、その後の長引く景気の低迷、出口の見えない混迷した今日のような社会など、予想すらしていませんでした。

銀行は、世の中で公務員の次に最も安定した会社であり、破綻するなど、考えたこともなかったのです。そんな銀行に就職した私の人生は、１００％とは言わないまでも、ほぼ約束されたその後の人生を、ただ享受するものと思っていました。

銀行マンの使命とは、志のある経営者とともに企業を育成・成長させるために、社員と一緒になって汗水を流し、個人生活の豊かさと幸せを支えるために日々走り回ること惜しまないこと。

一粒、また一粒の汗を流すことで、沢山の人達とふれあい、喜びも悲しみも、あるいは悩みやどんな苦労も分かち合うことができるはず。

つい先日まで、私はそう信じていました。

『世の中には、お金よりも大切なものがある』

『絶対にお金では買えないものがある』

『お金で、物は変えてでも、人の優しさや真心、家族の幸せまでは、決してお金で買うことはできない』

今でも、心のどこかで、そう思っている自分がいることは確かです。

でも、お金はやはり大事です。お金より大切なもの、お金では買えないものはあっても、お金なしではそれらを守ること、守り続けることはできないのです。

お金は、時に人を変え、人の心を変え、人の人生をも変えてしまいます。向き合い方によっては、最高の人生、最高の幸せ、そして最高の夢を与えてくれる一方で、つき合い方を一歩間違えると、その人のすべてを奪い去ってしまいます。

その人だけではない、その人とその家族、そこに係るすべての人を不幸のどん底に容赦なく突き落としていくことさえ、あるのです。時には、命までも。

そんな得体のしれない魔物のようなお金に、17年間携わってきた自分がいまできることは…？

もしかしたら、なにもない、なにもできないのかもしれない。

でも、願わくばそのお金という魔物に1人でも多くの人が、振り回されることなく、幸せを掴んでほしい、どんなに小さくても、家族みんなが笑顔で向き合える幸せを、守り続けてほしい。そして少しでもそのお手伝いをすることができるなら、これに勝る喜びはありません。

いま、銀行組織を離れ、利益優先のしがらみを断ち切ることで、初めて本音で仕事ができる自分がいます。そのようなステージを与えて下さったすべての人に、いまはただ、本当に感謝の気持ちでいっぱいです。

『投資』というと、なにか博打でもするかの如く大損をすること、大金を失うことをイメージする人がいます。失敗した時の恐怖に躊躇する人がいます。

『借金』というと、極悪人とは言わないまでも、まるで悪いことでもするかの様に捉える人もいます。

ましてや『不動産投資』ともなると…。

もし、みなさんが、虎の子を投入して一攫千金を狙うことが『投資』だと考えるなら、それも一つの考え方です。そしてそのようなフィードで『投資』（ロバート・キヨサトの奥さんは、これを消極的投資と呼んでいます）されることが、あっているのかも知れませんね。

私がお手伝いしたい『不動産投資』は、家賃収入から借入金の返済、諸経費の支払いを考慮すると、一攫千金で得られるキャピタルゲインには及ぶべくもないも、毎月コツコツと利益（不動産収入）を積み上げることができる、そんな『投資』です。

月に1度、家族でおいしいご飯を食べにいくために、将来の子供の教育資金に役立てるために、将来子供たちに経済的な負担をかけないように、老後の年金補完ツールとして、一生懸命に努力する。

そんなささやかな幸せを実現するための『不動産投資』のお手伝いをすることが、唯一の喜びなのです。

本書の出版に際し、正直、悩みました。本当に悩みました。

自分なんかが、分かったような顔をして、このようなことを書いて良いのだろうか？

書くことで、もしかしたら、間違ってまた不幸な人を作ってしまうのではないだろうか？

多くの人を、惑わしてしまうのではないだろうか？

誤った方向に導いてしまうことはないだろうか？　と。

それはまさに、『恐怖』以外の何物でもありません。

しかし、一方で、もし本書を書くことで、１人でも多く、お金という魔物に大切な人生を奪われることを防げるなら、１つでも多くの家族の幸せを守れるなら、それはかつて自分が銀行在職中に一番望んだこと、銀行の入行を決心した時、自分が一番やりたかったことでもありました。

もう自分に言い訳しながら生きる人生は、まっぴら御免です。ただ信じる道を突き進みたい。その思いがこの出版の原動力になりました。

それを後押ししてくださった、アパート投資の王道の白岩貢さんには、心から感謝申し上げます。

また今回、わたくしのような者の本を取り上げて下さったごま書房新社の池田社長と編集部の大熊さん、ライターの加藤浩子さんにも。そのほか私とかかわって下さった沢山の人達に、心から御礼申し上げます。

多くの人達との出会いが、今の自分を支えて下さっていることに、感謝申し上げます。

藤巻　聡

著者プロフィール
藤巻　聡（ふじまき　さとし）

藤巻聡：不動産融資アドバイザー、オフィス藤巻代表

1967年富山県生まれ。公立大学卒業後、地方銀行に17年間勤務。東京地区、札幌地区、阪神地区の支店にてあらゆる融資案件を扱う。

住宅ローンやアパートローンを取り扱う中で不動産の知識が必須であると感じ、阪神地区の支店勤務時代に宅地建物取引主任者の資格を取得。この頃から、建築のおもしろさに魅かれはじめる。

金融不安以降、自分の信じる銀行マンとしての使命と顧客を救えない銀行の現実とのギャップに悩み、長年勤務した銀行を退職。

現在は銀行員時代の知識と経験を生かし、不動産融資アドバイザーとしてアパート投資を中心に、サラリーマンや個人事業主、また地方の地主をサポートする活動を行っている。2010年前半だけで、6億5000万円以上の銀行融資を引き出した実績を持つ。

●講演依頼、ご質問等は以下のホームページまで
オフィス藤巻ホームページ
http://fujimaki.cc/index.html

アパート・マンション投資のための
満額融資交渉バイブル
半年で6億5000万円以上を引き出した元銀行マンが教える!

著　者　藤巻　聡
発行者　池田　雅行
発行所　株式会社 ごま書房新社
〒101—0031
東京都千代田区東神田2—1—8
ハニー東神田ビル5F
TEL 03—3865—8641（代）
FAX 03—3865—8643
ライター　加藤　浩子（オフィスキートス）
カバーデザイン　堀川　もと恵（@magimo創作所）
DTP　田中　敏子（ビーイング）
印刷・製本　株式会社クリード

ISBN978-4-341-08455-4　C0034